藍學堂

學習・奇趣・輕鬆讀

The 15 Invaluable Laws of Growth

Live Them and Reach Your Potential

全球暢銷經典

精準成長

打造高價值的你！

發揮潛能、事業及領導力的高效成長法則

約翰・麥斯威爾——著

John C. Maxwell

林步昇——譯

這本書獻給

約翰麥斯威爾公司的團隊：

你們實現了我的夢想，

擴大了我的影響力，

並且讓我比從前更好。

你們的工作正在幫助他人在世界上發揮最大的潛力和影響力。

還有柯特·康普邁爾：

你向我介紹了意向性個人成長的概念，

並且如此實踐，

向我展現發揮潛力的路徑。

目錄

推薦序

進入自己的成長花園

吳育宏

人類第一次工業革命（一七六〇年至一八四〇年）是因為「蒸汽機」的發明，使得古老的人力、獸力被機器取代，大幅提高了生產力；第二次工業革命（一八七〇年至一九一四年）源自「電力」的大規模應用，電燈的發明即為此時期的代表；至於第三次工業革命（一九四〇年至今）的主角則是「電子計算機（電腦）」，人類對資訊的控制與運算速度突飛猛進。

有人把現今視為第四次工業革命，各種新興科技如：人工智慧、奈米科技、量子電腦、物聯網、區塊鏈、自動駕駛、5G通訊等，不但發展的速度一日千里，而且各領域彼此整合，創造出無限的可能性。

企業經營在這樣的時代，也面臨前所未有的課題。我認為其中一個最大的挑戰，就是「成長」不再是企業的一種「選項」，而是一門「必修學分」。用中文成語的「逆水行舟、不進則退」來形容，再貼切不過了。

看看美國《財星》（*Fortune*）雜誌的五百大企業排名，或者是英國品牌諮詢公司 Brand Finance 的全球品牌價值五百強，我們可以發現一個共同現象：企業或品牌在排行榜上變動的速度愈來愈快。百年老店可能突然衰退，昨天還名不見經傳的後起之秀，也可能一夕崛起。

「成長」是如此重要的議題，它也成為媒體封面故事的常客。然而，企業的成長故事固然引人入勝，但是商業個案總有其特殊的產業環境、時空背景，往往要複製成功經驗不是一件容易的事。因此，我們很難將別人的成功案例直接轉換為自己的營運策略，畢竟「企業成長」有各種主客觀條件的支撐。

不過我認為「個人成長」，就比較有機會複製他人的成功經驗。因為工作的關係，我和各種產業、各種職務的職場工作者接觸，發現那些頂尖人士的共同點，包括：強烈的動機、積極的態度、明確的目標導向、面對挫折的思考模式等，放諸四海皆準。這讓我更加相信，「個人成長」是操之在己、最有意義的一項課題。當然，它也是「企業成長」的基礎。當一家公司有愈多員工懂得如何自我成長，我想它沒有不成功的道理。

本書以「個人成長」為主軸，精闢剖析成功人士具備的自我覺察、思考法則，以及具體可執行的習慣與方法，內容非常扎實。作者約翰．麥斯威爾（John C. Maxwell）有豐富的演說和寫作經驗，使得他的論述清晰明確，同時又能深入淺出的引導讀者思考，我認為這絕對稱得上是一本兼顧「廣度」與「深度」的佳作。

接獲商業周刊的邀請撰文推薦，我在一個月內利用零星時間瀏覽一遍，過程有如走入一個「自我探索」的大花園，處處驚喜、收穫豐碩。我很確定這不是我閱讀的終點，而是起點。將書中觀念帶入工作與生活，重複體會，我相信未來還會看到更多、更不一樣的風景，這便是經典好書的價值。我誠摯地推薦並邀請您，一同透過此書進入自己的成長花園。

（本文作者為B2B業務專家、BDO管理顧問副總經理）

推薦序

用一本書，描繪自己的成長路徑

游舒帆 Gipi

從我開始擔任專業經理人，到成為一個熱愛學習的人，到現在扮演一個協助他人成長的老師路上，這類的問題我回答了不下數百次，有些人問我：「為什麼要學習？」、「那些認真學習的人看起來沒有過得比我好，那麼辛苦有用嗎？」，或者抱持「學習又不能保證成功」這種觀點來質疑學習的意義。

或許「成長」是個好答案，學習的目的是為了持續成長，那成長的目的又是什麼呢？追求成長到底能帶給我們什麼？

我在三十歲左右曾有一個年輕時夢寐以求的工作機會找上門，薪資優、職位高、權力大，幾乎可以自己決定所有的事，但當時我回絕了，回絕的理由很單純，就是這個工作對我未來的成長幫助有限。

而我之所以能立刻下這個判斷，關鍵就是我在出社會的六至七年裡，已經擔任過太多不同的角色，在每個角色上我都花了很多時間了解與研究，我也時常反思自己在扮演哪些角色時最快樂，我發現是創造、影響他人、挑戰現狀型的角色我最喜歡，然後進一步思考自己喜歡的原因，這才發現核心其實是「成長」。

成長，讓我看待一件事情的角度更多元，能聆聽社會上不同的聲音；

成長，讓我理解了過去無法理解的道理，減少了困惑；

成長，讓我有機會在世界、社會與公司裡扮演更重要的角色，影響更多的人；

成長，讓我更認識這個世界，更認識自己。

成長，涉及到知識、經驗、心態、人生方向等方方面面，我本來無法預期有一本書能很清楚的將這些觀念匯集在一塊而又言之有物，但《精準成長》這本書的作者顯然做到了，並將它們整理成十五個法則，還為每個法則設計了一些提問來強化讀者對該法則的理解，讓讀者從問題中反思自己的現況，從而能判斷自己可以從哪些面向去描繪自己的成長路徑。

我閱讀過很多關於成長的書籍，而《精準成長》肯定是排在前幾名，誠摯推薦本書給對成長有興趣與困惑的朋友們。

（本文作者為商業思維學院院長）

前言

人生最負面的詞彙——未實現的潛力

「潛力」是任何語言中最美妙的詞彙之一。潛力能夠樂觀展望未來；潛力充滿希望；潛力預告著成功；潛力隱含了充實；潛力暗示著偉大。潛力一詞基於各種可能性。想想你身為一個人的潛力，便會為之一振——至少我是如此希望著。這是多麼正向的想法啊！我對你的潛力有信心，就像我相信自己的潛力一樣。你有潛力嗎？絕對有。

那麼「未實現的潛力」呢？「潛力」一詞有多正面，「未實現的潛力」就有多負面。我的朋友弗洛倫斯．妮蒂雅（Florence Littauer）是一位演說家暨作家，她在著作《銀盒子》（*Silver Boxes*）中，寫了一則關於自己父親的故事。她說父親過世時，音樂還在他的體內。這適切地說明了未實現的潛力。沒有發揮個人潛力，就像離世時音樂仍在體內。

既然你正在閱讀這段文字，我相信你擁有實現潛力的渴望。所以問題就變成：**怎麼發揮潛力呢**？

我可以拍胸脯說，答案就是成長。想要發揮潛力，你必須成長；而想要成長，你必須有高度企圖心。我寫這本書，是要幫助你學習如何成長和開發自己，提升你完成天生使命的機率。我的願望是幫助你培養正確的態度，更了解你的優勢、激發你的熱情、更貼近你的目的、開發你的能力，好讓你成為心目中理想的樣子。

你可能知道，這是我寫的第三本人生法則相關書籍。第一本是幫助領導者理解領導力的原則，讓他們成為更優秀的領導者；第二本是幫助一般人理解團隊合作、培養更強大的團隊。這本書則致力於幫助你理解個人成長的原則，並幫助提升自己的效率、生活過得更充實。雖然，我可能會在過程中加入一些領導力的見解，但即使你不是領導者，也可以從中受益。你也不需要是團隊一分子才能成長（儘管這確實有幫助），只需要當一個想要成長、每天求進步的人。

我所謂的成長是什麼意思呢？成長跟你一樣獨特。想要找到目標，你需要自我意識的成長；想要成為更好的人，你需要性格的成長；想要在職場升遷，你需要能力的成長；想要成為更棒的配偶或父母，你需要人際關係的成長；想要達到財務目標，你需要金融知識的成長；想要豐富你的靈魂，你需要在精神上成長。**成長的具體情況因人而異，但每個人的原則相同**。這本書提供的各條法則，將教你如何挖掘有價值的成長目標。這是一把打開潛力大門的鑰匙，必須投入心血才能獲得。

我的建議如下：每週讀一章，找一些朋友好好討論，進行章末的應用練習。書寫成長日記，把所學融入到日常生活中。唯有改變每天的例行公事，才能改變生活。藉由學習這些法則，加以實踐，你就會踏上實現潛力的道路。如果積年累月下來，你每天都持之以恆地學習與成長，總有一天會對自己的進步深感驚嘆。

| 1 |

意向性法則

成長不會從天而降

「人生」正在進行中，
你是否活在當下？

你對自己的個人成長有計畫嗎？提出這個問題的柯特．康普邁爾（Curt Kampmeier，編按：美國管理顧問）耐心地等待著我的回答。這個問題改變了我的人生。

我摸索著各種答案，列出了自己過去三年的成就。我談論自己有多努力，勾勒出我的目標，說明自己為了影響更多人所做的事。所有答案都是活動導向，而不是進步導向。最後我不得不承認，我**沒有**任何成長計畫。

這件事我以前從未思考過，暴露了我看待工作與成功的重大缺陷。我展開自己的生涯時，是有意識地工作，達到個人目標，進而取得成功。唯一的策略就是：埋頭苦幹。我希望這有助於我實現個人夢想，但埋頭苦幹並不能保證成功，而希望也不算是策略。

你如何改善自己的表現？如何增進人際關係？如何拓展個人的深度和智慧？又如何獲得洞察力？還有如何克服困難？是靠加倍努力嗎？還是延長工作時

間？或是等待現況好轉？

那次交談發生在一九七二年假日酒店（Holiday Inn）餐廳的午餐時間，當時我剛得到升遷機會：獲派到所屬宗派中最好的教會。想像一下，你剛升任公司內最高領導職位，工作地點絕佳，對我來說就是如此夢幻。問題是，我當時才二十四歲，已有點不知所措，也明白如果不把握機會，就會一敗塗地。

柯特是販售「成長工具包」（growth kit）的業務。這是一項為期一年的計畫，裡頭有各種用來幫助個人成長的素材。他把說明手冊滑過桌子給我，工具包要價七百九十九美元，幾乎是我當時的月薪。

我開車回家時，腦筋動得飛快。我原本深信，成功會屬於全心投入事業的人。柯特幫助我意識到，關鍵在於個人成長。我突然發覺，如果你專注於目標，也許會達成目標——但並不能保證成長。如果你專注於成長，就必定會成長，而且絕對會達成目標。

開車時，我想起了詹姆斯．艾倫（James Allen）在《我的人生思考》（*As a Man Thinketh*）中的一句話。我第一次讀這本書是在中學七年級，後來重讀了十幾遍。艾倫寫道：「一般人急欲改善自身處境，卻不願意改善自己，因此仍然綁手綁腳。」我買不起柯特那個工具包，但在內心深處，我知道他已發現一大關鍵，決定我能否迎接未來的領導力挑戰，並在生涯中力爭上游。我看得到當下處境與未來夢想（我需要實現夢想）之間的落差。這正是成長的落差，我需要想辦法加以消弭。

扯後腿的八個成長陷阱

如果你擁有夢想、目標或抱負，就需要成長來實現它們。然而，如果你跟我一樣——如果你跟大多數人一樣——會因為一個或多個錯誤的觀念造成障礙，阻止你成長與發揮潛力。看看下面八個關於成長的錯誤觀念，這些都可能會扯你後腿，讓你無法專心致志。

一、主觀認定障礙——「我認為自己會自然而然地成長」

小時候，我們的身體會自然而然地成長。一年過去了，我們長得更高、更壯，更有能力做不同的事、面對新的挑戰。我覺得，許多人長大成人後在潛意識都相信，心智、精神和情感的成長都依循著類似的模式。我們會隨著時間愈來愈進步。就像查爾斯．舒茲（Charles Schulz）筆下《花生》（*Peanuts*）裡的漫畫人物查理．布朗（Charlie Brown）所說：「我想我已經發現了人生的祕密——就是到處閒晃，直到習慣為止。」問題是，我們不能藉由活著來進步。我們必須有想進步的意向。

音樂人布魯斯．史普林斯汀（Bruce Springsteen）說過：「**總有一天，你得停止坐等自己變成理想中的樣子，開始主動成為自己想成為的那個人。**」進步絕非偶然，個人成長並不是自然而然地發生。一旦你完成了正規教育，必須完全主導成長的過程，因為沒有他人會代勞。正如蒙田（Michel de Montaigne）所說：「沒有目的地的船，風也幫不上忙。」如果你想改善當前的生活，就必須不斷求進步，把這項原則視為確實可行的目標。

二、知識障礙——「我不知道該如何成長」

我跟柯特．康普邁爾見面後，找了所有親朋好友聊天，問他們一模一樣的問題：「你有個人成長計畫嗎？」我希望有人已釐清此事，自己只要向對方學習就好。沒有人給我肯定的答案。我的親友圈都沒有成長和進步的計畫。我不知道該如何成長，他們也沒有頭緒。

設計師、藝術家暨顧問洛蕾塔．史戴普斯（Loretta Staples）說：「如果你清楚自己想要什麼，世界就會清楚地回應你。」我知道自己想要什麼：我想要適應新工作，想要有能力完成自我設定的遠大目標。我只需要實行的方法。

許多人只能從挫折中學到東西。吃苦的經驗給他們上了「艱難的一課」，他們因此改變——只是有時變好、有時變糟。這類收穫難以預測又辛苦。最好是有意向地計畫你的成長目標，決定自己需要或想要成長之處，選擇你要學習的東西，然後按部就班地堅持下去。

我跟柯特那次會面後，發覺自己不知道還能找誰幫忙，便跟太太瑪格麗特（Margaret）討論如何省吃儉用、節省開支，存下七百九十九美元（別忘了，當時還沒有信用卡！）。我不吃午餐，我們取消原定的假期，每天湊合著過活，花了六個月的時間，終於存到錢了。你絕對想像不到當時我有多興奮，打開成長工具包，瀏覽起裡頭提到的五大領域：態度、目標、紀律、評量和一致。

如今回顧這一切，我明白工具包教的東西有多麼基本，但正是當時我所需要的。學習這些課題為我打開了個人成長的大門。從那一刻起，我開始看到成長的機會無處不在。我的世界就此打開，我完成更多事，也學到更多東西。我更有能力領導並幫助他人。而其他機會也出現了。我的世界擴大了。除了我的個人信仰，**成長的決定對我的人生影響最大**。

三、時機障礙——「現在還不是開始的時候」

小時候，我父親老愛給我們猜一則謎語：五隻青蛙坐在一根木頭上，其中四隻決定跳下去，還剩下幾隻？

他第一次問我時，我回答：「一隻。」

「答錯了，」他說。「剩下五隻。為什麼呢？因為內心決定和真正行動是兩回事！」

父親經常開車送我們回家。美國政治人物法蘭克．克拉克（Frank Clark）曾說：「如果每個人都實現自己的意圖，我們在這世界上會有多偉大的成就啊！」大多數人容易裹足不前，發覺自己受制於「意圖遞減法則」（Law of Diminishing Intent），即「**當下該做的事拖愈久，愈可能永遠都完成不了**」。

回想當初，我思考是否要購買個人成長計畫，某種程度上我很幸運，因為我知道自己接下來的工作超出能力範圍。我會面臨前所未有的挑戰，一切會被用放大鏡檢視，認識我的每個人都抱有很高的期待（有的期待我成功、有的期待我失敗）。我曉得，如果我無法成為更優秀的領導者就等於失敗，進而促使我盡快採取行動。

你現在可能承受類似的個人或事業壓力。果真如此，你可能急著想開始成長和發展。但如果沒有承受壓力呢？無論你是否受到刺激，當下就是開始成長的時刻。作家暨教授利奧・巴士卡力（Leo Buscaglia）直言：「為明天而活的人生，實現夢想永遠會晚一天。」現實就是，除非你在準備好以前就展開行動，否則絕對做不了太多事。如果你還沒有成長的意向，你得從今天開始練習。不然，你也許會達成部分目標，隨後可以慶祝一下，但你終究會停滯不前。一旦有了成長的意向，就可以不斷地成長，並且不斷問自己：「下一步是什麼？」

四、犯錯障礙──「我害怕犯錯」

成長可能是件麻煩的事，意味著承認自己沒有答案。成長需要犯錯。這可能讓你看起來很蠢。大多數人不喜歡如此，但如果你想進步，這就相當於入場費。

多年前，我讀過羅伯特・舒勒（Robert H. Schuller，編按：美國牧師）的一句話：「假使你知道自己不會失敗，你會嘗試什麼事？」這段話鼓勵我嘗試原以為超出個人能力範圍的事，也啟發我寫下《轉敗為勝》（*Failing Forward*）。我收到出版社寄來的第一本書時，立即寫了封感謝函給舒勒博士，並且簽名贈書。我特地去了一趟園林市（Garden Grove），親自把書送給他，感謝他對我的人生產生正面影響。那天我們的合照就擺在我的辦公桌上，時時提醒自己他對我的付出。

如果你想要成長，就得放下任何犯錯的恐懼。作家暨教授華倫·班尼斯（Warren Bennis）主張：「**犯錯只是做事的另一項方式。**」想要有成長的意向，你就要有**每天都會犯錯的心理準備，欣然接受這些錯誤，代表你在正確的道路上**。

五、完美障礙——「我要找到最佳辦法再開始」

與「犯錯障礙」類似的就是「完美障礙」，也就是想在成長計畫中尋找「最佳」辦法才動手。柯特向我提出成長計畫的想法時，我開始尋找最佳辦法。但我發現這是本末倒置。如果我想找到最佳辦法，必須先**開始**才行。這就像在不熟悉的夜路上開車，在理想情況下，你會希望上路前能清楚看到整條路線。但路是逐漸看出來的，當你向前移動，就會有多一點路出現在面前。如果你想看到更多的路，就要動起來。

六、激勵障礙——「我沒心情行動」

許多年前，我在醫生的候診室裡等了好長一段時間——久到我把帶來的工作全都完成了，開始在找有意義的事做。我翻閱了一本醫學雜誌，發現了下面這段文字，至今仍是我最喜歡用來說明動力惰性的一項例子（對了，當時耐吉〔Nike〕公司還沒發明這句口號）。

做就對了（Just Do It）

我們幾乎每天都會聽到這句話：唉唉唉，我就是沒有動力去……（減肥、檢測血糖等）。我們也聽到糖尿病防治宣導人士同樣的嘆息，他們無法激勵患者為自身的糖尿病與健康做出正確的選擇。

我們要告訴你的是，動力不會像閃電一樣從天而降。動力不是其他人——護士、醫生、家人——能給予或強加在你身上的東西。動力本身就是一個陷阱。忘了動機吧，做就對了。無論是運動、減肥、檢測血糖等，沒有動力還是努力去做，然後猜猜會發生什麼事？當你開始做一件事後，動力就來了，讓你更容易堅持下去。

動力就像愛與幸福，其實是副產品。每當你積極投入某件事，就會在你最意想不到時悄然而至。

正如哈佛大學心理學家傑羅姆．布魯納（Jerome Bruner）所說：「你比較容易在行動後產生感受，而非感受後採取行動。」所以採取行動吧！無論你該做什麼，做就對了。

柯特建議我要有成長的意向時，我有成千上萬的理由不去照辦：我沒有時間、沒有錢、沒有經驗等藉口。我做這件事的理由只有一個：我相信自己應該如此，因為我希望成長會促成改變。這當然不激勵人心，但我還是開始行動了。不可思議的是，經過一年專注的成長，我開始超越自己心目中的某些英雄。我努力的原因，從「開始行動」轉變為「堅持下去」，因為成長確實發揮作用。在那之後，我不想錯過任何一天的成長！

如果你還沒開始，可能就不會受到刺激，進而積極追求成長計畫。若真如此，請相信我，繼續成長的理由遠遠超過開始成長的理由。唯有長時間地堅持下去，並且從中受益，你才會發現堅持成長的理由。所以答應自己先開始，至少堅持十二個月。這樣一來，你就會愛上整個過程，就能在年底回首來時路，看看自己進步了多少。

七、比較障礙——「其他人比我優秀」

在事業剛起步時，我曾到佛羅里達州奧蘭多（Orlando），跟其他三位領導者進行意見交流。我之所以前去造訪，是因為那時發覺得接觸自己小圈子外更厲害的領導者才行。初來乍到，我內心充滿恐懼。我們在聊天分享想法時，很快就看出我跟他們不屬於同一掛。他們的組織規模是我的六倍，而且他們的想法比我多太多，也厲害太多。我覺得自己彷彿游到深水區，奮力泅泳避免溺水。儘管如此，我還是受到他們的鼓勵。為什麼？因為我發現優秀的人願意分享想法，我從中獲益良多。唯有別人走前面，你才有機會學習。

在我刻意追求個人成長的頭十年，我總是在別人後頭苦苦追趕。我必須克服比較的障礙、學會習慣脫離自己的舒適區。這項轉變十分艱難，但非常值得。

八、期待障礙——「我以為沒這麼難」

我所認識的成功人士中，沒有人認為成長來得很快，或覺得爬到頂峰很容易。成長並非一蹴可幾。運氣由自己創造。何以見得？以下是計算公式：

準備（成長）＋**態度**＋**機會**＋**行動**（主動出擊）＝**運氣**

一切都從準備開始。可惜這需要時間，但大好消息是：正如吉姆・羅恩（Jim Rohn，編按：作家暨演說家）所說：「**你不可能一夕之間改變目的地，但你可以一夕之間改變方向。**」如果你想實現目標，發揮個人潛力，就要有意識地追求個人成長。此舉將改變你的人生。

成功不是意外！意向成長怎麼做？

你愈早擁有個人成長的意向，對你來說愈有好處，因為如果你保持強烈的意向，成長就會加倍又加速。以下是如何做出改變。

一、先問自己三個問題

在我有意識地進行個人成長的頭一年，我發現這個歷程會持續一輩子。那年，我內心的問題從「這需要花多久的時間？」轉變為「我可以成長多少？」這是你現在應該問自己的問題——但不代表你就能找到答案。四十年前，我開始了這趟成長之旅，至今仍未找到答案。但這個問題即使無法指出目標有多遠，仍有助於你確定方向。

你的人生目標在哪裡？
你想往哪個方向前進？
你想像自己走到多遠？

回答這些問題會讓你展開個人成長之旅。人生的最佳行動指南，就是充分利用你獲得的一切。要做到這一點，就得對自己進行投資，成為最棒的自己。你能運用的事物愈多，你的潛力就愈大——就應該努力走得更遠。小時候，我父親常對我說：「愈有福氣的人，理應付出愈多。」盡你所能努力成長，就能成為最棒的自己。

二、引起急迫感——現在就行動

一九七四年，我前往代頓大學（University of Dayton）參加一場研討會，克萊門．史東（W. Clement Stone）談論了急迫感。史東是靠保險業致富的企業大亨，演說主題是「現在就行動」，他對與會者提到：「你每天早上起床之前，都要說『現在就做』五十遍。你每天晚上睡著之前，也要說『現在就做』五十遍。」

我猜那天全場大概有八千人，但這番話好像是直接對我說的。回家後，在接下來的六個月，我真的聽從他的建議。每天早上第一件事、睡前的最後一件事，我都會重複「現在就做」這句話，因此帶來極大的急迫感。

此刻你所面臨的最大危險，就是不把具有意向的成長當成首要之務。可別掉進陷阱了！最近我讀了一篇珍妮佛．里德（Jennifer Reed）在《成功》（*SUCCESS*）雜誌中的文章。她寫道：

> 還有比「之後」更歹毒的話嗎？無論是「我之後再做」、「我之後會找時間寫那本想了五年的書啦」，或「我知道要好好理財……之後再說」。
>
> 「之後」是夢想的一大殺手，是阻撓我們成功的無數障礙之一。「明天」再開始節食、「終究」會開始找工作，「有天」會開始追求人生夢想，加上其他自我設限的藉口，害我們被慣性卡得動彈不得。

我們為什麼要這樣對待自己？為什麼現在不採取行動？面對現實吧：待在熟悉的舒適圈很容易，未知的道路則充滿變數。[1]

只要你閱讀本書，就開始了這趟旅程。不要停下腳步！繼續向前走，選擇能幫助你成長的資源，今天就開始學習。

三、你最大的恐懼來自何處？

最近讀了一篇文章，探討恐懼何以阻礙一般人成功。以下是五個影響人心的恐懼因子：

失敗的恐懼
用安定交換未知的恐懼
入不敷出的恐懼
在意別人看法的恐懼
成功後同儕疏遠的恐懼

哪些恐懼對你的影響最大？對我來說是最後一項：同儕因此疏遠。我天生就愛討人歡心，希望每個人都喜歡我。但哪項恐懼對你的影響最大，其實並不重要。恐懼人人都有。但好消息是，信念也人人都有。你要捫心自問的是：「我要讓哪種情緒滋長強化下去？」你的答案至關重要，因為強烈的情緒是最後贏家。我想鼓勵你滋養個人信念、敉平你的恐懼。

四、從意外型成長改為意向型成長

一般人的生活容易陷入泥淖，選擇踏上一條輕鬆的路，不會試圖打破慣性——就算這條路是錯誤的方向也不在乎。過了一段時間，他們便得過且過了。如果他們有所收穫，都是因為單一的美好意外。可別讓這種事發生在你身上！如果這就是你培養的態度，那你最好記住泥淖和墳墓的唯一區別，就是待在裡頭的時間長短！

怎麼知道自己是否一成不變？不妨看看意外成長和意向成長的區別：

意外型成長	意向型成長
打算明天開始	堅持今天開始
等待成長出現	主動為成長負責
只從錯誤中學習	往往在犯錯前學習

意外型成長	意向型成長
一切靠運氣	一切靠努力
經常輕言放棄	貫徹始終
養成壞習慣	建立好習慣
愛說大話	說到做到
打安全牌	勇於冒險
受害者心態	學習者心態
依賴才華	依賴性格
畢業後停止學習	終身成長

愛蓮娜・羅斯福（Eleanor Roosevelt，編按：前美國總統羅斯福之妻）說過：「**一個人的價值觀難以用言語充分表達，而是表現在個人的選擇上。長遠來看，我們打造自己的人生，也塑造自己**，至死方休。我們所做出的選擇，終究是自己的責任。」

如果你想發揮自身潛力，完成自己天生的使命，絕對不能僅僅是體驗人生，希望在人生的道路上學到你需要的東西。你必須努力抓住成長的機會，彷彿未來取決於此。為什麼？因為事實如此。成長不是隨隨便便就會發生——無論是我、是你或任何人都一樣。你必須努力追求成長！

意向性法則的生活應用

一、本章討論的哪些障礙讓你錯過了原本應有的成長？

□主觀認定障礙——「我認為自己會自然而然地成長」
□知識障礙——「我不知道該如何成長」
□時機障礙——「現在還不是開始的時候」
□犯錯障礙——「我害怕犯錯」
□完美障礙——「我要找到最佳辦法再開始」
□激勵障礙——「我沒心情行動」
□比較障礙——「其他人比我優秀」
□期待障礙——「我以為沒這麼難」

既然你已清楚這些障礙，那可以打造、執行哪些策略來幫助自己消除障礙呢？為每一項障礙寫下適合你的具體計畫，今天就邁出計畫的第一步吧！

二、大多數人都低估了生活中幾乎所有事的重要性。動不動就分心，結果把成長擱置一旁。如果他們真的成長了，也只是偶然發生，而不是有意為之。看看你接下來十二個月的行程，你為個人成長專門安排了多少時間？如果你和大多數人一樣，答案就是完全沒有，或可能計畫參加明年一個活動。這是行不通的。

重新安排你的行程，天天跟個人成長有約，每週五天、每年五十週。你可能會想，什麼？我沒有空啦！也許如此吧，但做就對了。如果你想成功，就得不惜一切代價。提前一個小時起床、晚睡一個小時、省下吃午餐的時間、週末多花點時間。否則，你只得放棄你的夢想，發揮潛力的盼望也隨之落空。

三、現在就開始。無論你何時讀這段文字，答應自己今天就要開始成長，運用今晚睡前一小時。今天和未來五天都投注時間。你內心可能會感到抗拒，但反正做就對了。

| 2 |

自我覺察法則
先認識自己才有熱情和使命

一個人不夠真誠面對自己，
就無法成就大事。
——詹姆斯·羅素·洛威爾（James Russell Lowell，詩人）

二〇〇四年，亞當·山德勒（Adam Sandler）和茱兒·芭莉摩（Drew Barrymore）主演了喜劇《我的失憶女友》（*50 First Dates*），故事描述一名男子愛上一名年輕女子，卻發現隔天對方居然不記得自己。實際上，自從一年前發生車禍後，她就只記得車禍前的事。她注定每天都好像事發前一天。這部電影的劇情很可愛，儘管設定感覺有點傻。但這種事如果真的曾發生在現實生活中呢？

失去短期記憶的男子

有一個著名的神經心理學病例，患者就有類似的病況，最早的文獻出現於一九五七年，吸引了成千上萬的醫生和研究人員鑽研。患者名叫亨利（Henry M.），一九二六年出生於康乃狄克州哈特福（Hartford），罹患嚴重的癲癇，身體失能，無法正常工作。二十七歲時，他接受一項實驗手術，切除了部分大腦，試圖治療癲癇。好消息是，手術後，他的嚴重癲癇不再持續發作。此外，他的智力、個性和社交能力都沒有受到負面影響。然而，唯一一項可怕的副作用是，他似乎無法形成短期記憶。

亨利不記得手術後的任何事。他不認識自己的醫生、找不到廁所。回家後，他每天都玩相同的拼圖、讀相同的雜誌，卻不記得自己做過這些事。他的家人搬到新家後，他既不記得曾經搬過家，也找不到回新家的路，卻清楚記得舊家的樣子。他在午餐後三十分鐘受訪，卻連一樣吃過的東西都記不起來。實際上，他根本不記得吃過東西[1]。他被困在時間的牢寵，無法學習、成長和改變。真的是悲劇一樁。

你在「人生」中，有方向感嗎？

任何想要成長卻不了解自己的人，在很多方面都像亨利一樣。想要成長，你必須認識自己，包括優點和缺點、興趣和機會。你不僅要摸清自己的過去，還要知道現在的處境。否則你無法為目標設定前進的方向。當然，每當你想學點東西，得把今天學到的新東西奠定在昨天所學的基礎上，才能繼續成長。這是獲得動力、不斷進步的唯一途徑。

要發揮自身的潛力，你必須知道你的目標，以及當下的位置。沒有這兩樣資訊，你很可能會迷路。認識自己就像在地圖上確認「你在這裡」，藉此找到通往目的地之路。

我觀察到，就人生的方向來說，其實只有三種人：

一、不知道自己想做什麼的人。

這些人往往很迷惘。他們缺乏強烈的使命感，人生沒有方向感。即使他們在成長，也不會專心致志。三分鐘熱度，無所事事，無法發揮自己的潛力，因為不知道要追求什麼。

二、知道自己想做什麼卻不行動的人。

這些人通常很挫折。每天，他們都得忍受當下處境和內心目標之間的落差。有時，他們不去做自己想做的事，因為擔心這會導致自己忽略其他責任，譬如養家餬口。有時，他們不願意為了學習、成長和更接近個人目標付出代價。有時，恐懼扯著他們的後腿，無法改變路線去擁抱熱情。無論原因是什麼，他們也實現不了自己的潛力。

三、知道自己想做什麼也確實行動的人。

第三種人認識自己，擁有強烈的熱情，專注於目標，懂得在相關領域成長，幫助自己更加接近目標、實踐自己天生的使命。最能描述這群人的形容詞就是「圓滿」。

少有人的情況像亨利這麼極端。然而，大多數人似乎都屬於第一類：不知道自己想做什麼。我認為最主要的原因是，他們對自己不夠了解，因此對自己的成長不夠專注。

了解自己並不見得是容易的事。在普林斯頓大學的畢業典禮上，日後的美國總統伍德羅・威爾遜（Woodrow Wilson）曾說：

我們所處的時代中，充滿著不安、困惑、迷惘又害怕自己的力量，不僅在尋找道路，也在尋找方向。提出建議的人很多，但提出遠見的人很少；刺激又狂熱的活動很多，深思熟慮的聲音很少。我們苦惱於自己旺盛的精力不受控制、沒有方向，做了一大堆事，但沒一件長久。我們有責任找到自己的定位。

威爾遜在一九〇七年發表了這場演說。想像一下，要是他今天還活著，可能會說些什麼。對有些人來說，找到自己與發揮潛力之所以困難，是因為會陷入兩難的困境。**你必須知道自己是誰，才能發揮自身潛力；但你必須成長，才能知道自己是誰**。那麼解方是什麼呢？探索成長的過程中，同時探索自己。

開始的方式，便是關注你的熱情所在。對我來說，只要我專注在有助於自己成為牧師的領域時，成長便於焉展開。「REAL」（真實）一詞代表了四大領域：人際關係（Relationships）、準備（Equipping）、態度（Attitude）和領導力（Leadership）。我的熱情促進了成長，但隨後是我的成長強化了熱情，因為我發現了自己對於領導的熱愛和能力。將近四十年來，這一直是我個人成長的主要焦點。熱情和使命凸顯的其他領域包括信念、家庭、溝通和創意。這些至今依然是我人生的重心，我熱愛著學習與成長。

如何找到你的熱情和使命

心理治療師納森尼爾．布蘭登（Nathaniel Branden）主張：「**改變的第一步是覺察，第二步是接受。**」如果你想要改變與成長，必須先認識自己、接受自己，才能開始塑造自己。以下這十個問題，可以帶你一步步經歷這個過程。

一、你喜歡現在的工作嗎？

我深感驚訝的是，每天都會遇到很多人說，他們不喜歡目前的工作。那他們為什麼要繼續工作呢？我明白討生活的必要，我們都做過自己不喜歡的工作。大學時期，我在一家肉品包裝工廠打工。我不喜歡那份工作，也沒有打算一輩子待在那裡，做自己覺得沒有成就感的事。如果我熱愛那份工作，工作又符合我的熱情和目的，我就會留在那裡，努力闖出一番事業。但那並不是我心目中的工作。

哲學家亞伯拉罕．卡普蘭（Abraham Kaplan）說過：「如果像蘇格拉底所說，沒有反省過的人生不值得過，沒有活過的人生也不值得反省。」如果你不喜歡自己的工作，就得花些時間來思考原因。

放棄你現在的工作，改為從事理想的工作，是否有風險？當然。你可能會失敗，也可能發現不如想像中那麼喜歡，還可能賺不到一樣多的錢。然而，原地踏步同樣有很大的風險？你可能失敗、可能遭解雇，也可能被減薪。最糟糕的是，你可能到了人生的盡頭時，想到自己沒有發揮潛力或從事自己喜歡的事，而感到萬分遺憾。你寧願承受哪種風險呢？

二、你想做什麼？

找到熱情和發揮潛力之間，肯定有直接的關聯。電視記者瑪麗亞·巴蒂羅姆（Maria Bartiromo）說：「我認識的每一位成功人士，都深深察覺到自己獨特的能力和抱負。他們是自己人生的領導者，勇於按照自己的方式追求夢想。」

你找到並掌握自己的熱情所在了嗎？知道自己想做什麼嗎？一旦你有清楚的認知，一切都會截然不同。為什麼？你探索自己的熱情時，隨之而來的就是活力與卓越。

- 從事自己鄙視的工作，永遠實現不了目的。
- 熱情賦予你贏過他人的優勢，因為一個有熱情的人，勝過九十九個只有興趣的人！
- 熱情賦予你活力。

小時候，我唯一想做的事就是玩耍。我不喜歡工作。但我從高中畢業進入大學後，學會了善用熱情的力量。就讀高中時，我只是在消磨時間；但大學期間，我的工作領域跟我的目的相關，努力追求自己的愛好，讓我興奮不已！

我對工作依然充滿熱情。現在我六十多歲了，常有人問我何時退休。老實說，退休完全不在我的考慮之內。為什麼有人想放棄熱愛的工作？除非你想從事其他工作，否則絕無可能。想知道我何時退休嗎？我死掉那一天！除非我死，否則我不會停止演講和寫書。

你要怎麼知道自己想做什麼？如何激發你的熱情？傾聽內心的聲音，注意自己喜歡做的事。普立茲獎獲獎記者暨作家湯馬斯·佛里曼（Thomas L. Friedman）建議：

> 無論你打算做什麼，像是明年環遊世界、讀研究所、進入職場或沉潛一陣子，不要光聽腦袋的聲音，還要傾聽內心的聲音，那才是最棒的生涯輔導老師。做你真正熱愛的事，如果你還不知道，就繼續尋找，因為一旦找到了，你就會替工作帶來附加價值，這會確保你的工作不被機器取代或外包出去。這也有助於你成為一流的放射師、頂尖的工程師或優異的老師。

如果你永遠不知道自己想做什麼，可能會沮喪一生。作家史蒂芬·柯維（Stephen Covey）提出他的觀察：「當我們真正知道什麼對自己最重要，並且牢記在心，每天整理自己、區分出輕重緩急，人生就會有巨大轉變。」認識自己、了解自己想做的事，是你的人生要務。

三、你有能力做自己想做的事嗎？

身為牧師，曾有位年輕人替我工作。他名叫巴比，是我的敬拜主領。有些人可能沒聽過這個職位，敬拜主領負責為主日禮拜準備音樂，帶領其他歌手和樂手，也是會眾的領唱人。

我看得出巴比並不快樂，懷疑他有其他志向。所以有一天，我要他坐下來談心。他承認自己真的很不開心。我問他：「巴比，你想做什麼呢？」

他猶豫了一會後坦承，「我真的很想當芝加哥小熊隊（Chicago Cubs）的播報員。」

我腦袋唯一的念頭就是：「你這樣會沮喪很長一段時間喔。」他沒有當播報員的能力。即使他有能力，目前也沒有職缺！我告訴他，他得找個更實際的工作，符合他的天賦和機會。

擁有你有能力追求的夢想，與憑空生出無關個人身分與能力的想法，兩者天差地別。我很想幫人解決這個問題，所以寫了《通往夢想的十個黃金法則》（*Put Your Dream to the Test*）這本書。**你必須有個標準，來判斷內心的渴望是否與自身能力相符**。

華倫．班尼斯也設計出一些方法，幫助我們解決這個問題。他提出的三個問題，可以用來釐清自己的想法是否可行。問問自己：

- ◆**你知道自己想要的東西和自己擅長的東西，有何區別嗎**？這兩件事不見得一樣。我相信巴比就是這樣，他的夢想和他的能力是兩件完全不同的事。想要成功，你需要從事你擅長的事。
- ◆**你知道什麼是你的動力、什麼東西會帶來滿足感嗎**？有時，許多人會因為不對的理由而想做某件事。也許他們心目中的工作看起來不辛苦，但實際上卻很辛苦。或者他們想要工作帶來的回報，而不是工作本身。只要激勵你的動力和滿足感的來源一致，彼此會相得益彰。

◆ **你知道自己的價值觀和要務是什麼嗎？公司的價值觀和要務又是什麼**？兩者愈一致，成功的機會就愈大。如果你和雇主的目標相反，成功將很難實現。

評估你的願望和能力之間的差異、動力來源與滿足感來源的差異、自我價值觀與公司價值觀的差異，就能找出在從事理想中的工作前許許多多的障礙。此時，你需要問自己是否能夠克服這些差異。想要成功並實現目標，關鍵之一就是了解你獨特的才能，並找到合適的舞台加以發揮。有些人天生就清楚自己是誰，其他人則必須加倍努力才會發現。詩人暨評論家塞繆爾．詹森（Samuel Johnson）曾說：「**幾乎每個人都浪費部分的人生，想要展現自己不具備的特質**。」你的目標應該是盡可能不浪費人生。正如前大聯盟捕手吉姆．桑伯格（Jim Sundberg）所說：「發現自己的獨特專長，然後按部就班地培養。」

四、你知道自己為什麼要做想做的事嗎？

我認為，你不僅要知道自己想做什麼，也務必知道背後的原因。我會這麼說，是因為**動機**很重要。當你基於對的原因行事，即使過程出錯，動機仍會給你內在力量。正確的動機有助於你建立正向的人際關係，避免暗中不軌的意圖，你也容易把別人擺在第一位。基於對的理由行事，能讓生活變得較為單純，讓眼前道路更加明確。這樣不僅你的視野會更加清晰，晚上也會睡得很好，因為知道自己踏上了正途。

我的工作是我的天職。我在領導或溝通時，心想自己是為此而生。工作仰賴的是個人優勢，賦予我能量，改變別人的生活，同時充實自己，帶來永恆的感受。

我深信，如果你做適合自己的事，而且基於良好的動機，你也會有同樣的滿足感，可以體驗成功的感覺。花時間好好反思、探索個人意向與態度。正如精神病學家卡爾・榮格（Carl Jung）所建議：「**唯有觀照內心，你的視野才會清晰。往外看的人做夢，往內看的人清醒**。」

前四個問題攸關你想做什麼。正如我在本章開頭所說，你必須認識自己才能成長。這就是自我覺察法則。但我不僅想幫你知道自己的目標，還想讓你了解如何朝這個方向前進。這有助於你鎖定目標微調你的成長。有鑑於此，接下來問題會幫你擬定一項行動計畫。

五、你知道如何追求自己想做的事嗎？

從當前做的事轉換成你想做的事，是一個漸進的過程。你知道過程中需要什麼嗎？我認為一切始於……

覺察

《成功》雜誌發行人戴倫‧哈迪（Darren Hardy）說：「想像你在目前領域的定位，然後想像你希望成為的樣子：賺更多錢、身材更瘦、活得更幸福等。改變的第一步就是覺察。如果你想從目前的樣子變成理想的樣子，就必須開始覺察讓你偏離目標的一切選擇。你得深刻明白自己今天所做的選擇，以後才能做出更聰明的選擇。」

如果未覺察自己沒有往想去的方向前進，你就無法改變方向。這聽起來可能是廢話。但你有沒有花點時間，看看目前的選擇和活動把你帶往何方？花些時間認真思考一下，你目前究竟往哪裡前進，如果不是你的目標，就寫下需要哪些步驟才能回到正軌，盡可能列出具體的步驟，但肯定正確無誤嗎？沒人說得準。但除非你開始前進，否則你也無法確定。這就來到了下一個階段。

行動

如果你不開始，你就贏不了！世界上走在前面的人，都懂得尋找他們想要的機會。如果他們找不到機會，就自己創造機會。這意味著要主動出擊，代表每天做具體的事，好讓自己更接近目標，也意味著每天都要堅持下去。所有的成功案例，幾乎都是主動的結果。

責任感

一個人具有責任感，就懂得堅持到底。想要培養責任感，方法之一就是把目標公諸於世。你告訴別人自己的打算時，就等於給自己施加壓力，讓你繼續努力。你可以請特定親友關心你的進展，這就好比給自己定下最後期限，藉此繼續向前。你甚至可以把事寫下來，這同樣是責任感的展現。戴倫·哈迪的建議正是如此。他說，只要行動攸關自己希望改善的領域，例如財務、健康、職涯、人際關係等，你就應該密切注意。哈迪說：「隨身攜帶一個小筆記本，可以隨時放在口袋或錢包內，以及書寫的工具。全部都要寫下來，而且是每天都寫，絕對不能中斷，不找藉口，毫無例外，就好像老大哥在監視你。聽起來不大好玩，我當然知道，把做的事寫在一小張紙上哪裡會有趣。但密切關注我的進步與怠惰，是我能成功的一大原因。這個過程會逼你覺察自己的決定。」

吸引力

如果你覺察到得有哪些步驟才能做理想中的事，進而採取行動，負責地堅持下去，你就會出現應有的行為，開始接近真正想做的事。這會產生正面的副作用：逐漸吸引志同道合的人。在《領導力21法則》（*The 21 Irrefutable Laws of Leadership*）一書中，磁吸法則指出：「你是誰就會吸引誰。」這句話不僅適用於領導力，也適用於人生的方方面面。我母親以前就常說：「物以類聚、人以群分。」

如果你想跟成長中的人們來往，就要開始成長。如果你有決心，就會吸引那些有決心的人。如果你正在成長，就會吸引其他正在成長的人。這樣你就會開始建立志同道合的群體，幫助彼此成功。

六、你認識相關領域的前輩嗎？

我的人生只要出現飛躍式成長，都是因為發覺到前輩指引了前方的道路。有些前輩私下提供幫助，但大多數是因為著述惠我良多。每當我有疑問，都能從他們的智慧中找到答案。我想增進領導能力時，會參考我的父親梅爾文・麥斯威爾（Melvin Maxwell）、約翰・伍登（John Wooden，美國最具傳奇色彩的大學籃球教練）、孫德生（Oswald Sanders）牧師、耶穌基督等數百人的見解。如果我懂得如何更有效地溝通，那是因為取經自安迪・史坦利（Andy Stanley，作家）、強尼・卡森（Johnny Carson，節目主持人）、霍華・韓君時（Howard Hendricks，達拉斯神學院教授）、雷根（Ronald Reagan，美國政治家）、葛培理（Billy Graham）牧師等數百人。如果我的創作與書啟發他人，那得要感謝雷斯・史托伯（Les Stobbe）、陸可鐸（Max Lucado，作家和牧師）、查理・魏策爾（Charlie Wetzel）、萊斯・帕羅特（Les Parrott，作家）和鮑伯・班福德（Bob Buford，作家）等人陪伴著我。

如果你已明白自己想做的事，那就開始找該領域的優秀前輩，然後想盡辦法從中學習。

- **專心致志**。有必要的話，應該給予酬勞，感謝對方付出時間。
- **持之以恆**。每個月都要定下明確目標，跟教導自己的人會面。
- **發揮創意**。如果你無法面對面交談，就先讀他們寫的書。
- **展現決心**。每一小時的會面之前，花兩小時準備。

◆ **懂得反思**。每一小時的會面後，花兩小時反思。

◆ **心存感激**。這些人是你個人成長的恩師，一定要向他們表達感謝。

牢牢記住，你不可能獨自抵達目標，一路上會需要別人的指引。

七、你應該跟這些前輩共事嗎？

如果你向來就致力於個人成長，不管在哪裡都有許多人是你學習的榜樣。偶爾，你會有機會獲得特定人士的持續指導。在你有興趣的領域受到成功前輩的指導可謂價值千金，我將在仿效法則一章中更深入地討論此事。然而，我現在要針對如何向導師學習，給予你一些建議。如果你找到可能當導師的人，要知道自己具有以下職責：

◆ 具備受教的精神。

◆ 跟導師會面前做好準備。

◆ 提出好問題來設定目標。

◆ 展現自己的學習成果。

◆ 對自己的學習負責。

基於曾多次擔任他人導師的經驗，我可以告訴你何謂導師的責任。我對導生的責任是增加價值，目標向來是幫助他們進步，而不是改變他們的本質。以下是我看重的領域：

- 優點；
- 性情；
- 過去紀錄；
- 熱情；
- 選擇；
- 建議；
- 支持、資源／人脈；
- 行動方案；
- 回饋；
- 鼓勵。

對於每個領域，想想你能為自己的導生提供哪些具體貢獻。

我跟一位導生相處得十分愉快，他是維吉尼亞州諾福克市（Norfolk）的科特尼·麥克巴斯（Courtney McBath）。我第二次見到他時，他跟我說：

我當初問了這個問題。

你分享了這個看法。

我後來採取了這個行動。

現在我可以問更多問題嗎？

對於如此貫徹執行的人，我的答案永遠是肯定的！

有能力幫助你的人不見得適合當導師。你必須精挑細選，他們也必須如此。你的目標應該是找到對雙方有益的對象。

八、你願意為理想付出代價嗎？

作家暨教育家詹姆斯．托姆（James Thom）說過：「堪稱最誠實的白手起家人士說過：『我是費了千辛萬苦才爬到頂峰的，一路上得對抗自己的懶惰和無知。』」這當然很有道理，不是嗎？說到成功的障礙，我們通常是自己最大的敵人。

幾年前，我讀到一篇文章〈勇敢做夢〉（Dream Big），充滿了鼓勵的話，也反映了追逐夢想的真諦：

若要問何時該勇於冒險，
做出一番事業，
開始為所當為，
那就是現在。
不盡然是出於偉大的理念——
而是因為觸動心靈，
展現你的抱負，
反映你的夢想，
你有責任讓自己的生命活出意義，
找到樂趣，
深掘，
延展，
勇敢做夢，
但也知道，值得的事鮮少容易，
有些日子順利，
有些日子糟糕，
有時你想轉身，

收拾行囊、就此打住。

這其實是在告訴你，你在挑戰自己，

你不懼怕邊試邊學。[2]

採取必要步驟來實現夢想、做你想做的事，都得付出代價。你必須非常拚命，也必須做出犧牲，還得不斷學習、成長和改變。你願意付出這個代價嗎？我當然希望如此。但要知道：大多數人都不願意。

九、何時可以開始做你想做的事？

你去問別人何時會去做想做的事，多半都會回答：希望「有一天」可以。為什麼不現在做呢？因為你還沒準備好？也許吧。但如果你等到準備好，可能永遠都不會做了。

我人生中大部分的成就，都是在真正準備好之前就開始嘗試。一九八四年，我曾教一群牧師如何領導，他們希望課程持續下去，我當時還沒有準備好。但在密西西比州傑克遜市（Jackson）舉行的會議上，我把一個筆記本傳下去，讓有意每月收到領導力課程錄音帶的人，留下自己的聯絡資訊，結果全場三十四人都報名了。我準備好展開領導力函授課程了嗎？沒有。那我依然開課了嗎？沒錯。我需要籌措資金搬教堂時，我知道該怎麼辦嗎？不知道。我開始搬了嗎？沒錯。我在世界各地創辦「美國事工裝備」（EQUIP）教授領導力時，是否有個絕對有效的執行策略呢？沒有。我們依然創立組織了嗎？沒錯。**等待永遠無法做好準備，唯有開始才能做好準備**。

十、真正做起理想中的事，會是什麼光景？

由於我有幸做自己想做的事，因此想帶你先了解一下情況。首先，這不會跟你的想像一樣。以前我沒想過自己會影響這麼多人，也從來不知道生活會如此美好，更沒想過自己偶爾會想遠離人群，方便自己思考和寫作。但我也從未預料到別人對我的期望。

一旦做起自己想做的事，你會發現這比想像中更難。當時，我並不知道要花多少時間才會發揮效用，從來沒料到旁人對我的諸多要求，也不曉得得一直付出代價才能成功。我從沒想過這幾年，自己的體力居然大不如前。

最後我要告訴你的是，你在做自己想做的事情時，一切會比你想像的要好。我開始投資於個人成長時，沒有預料自己的收穫滿滿——無論是對自己、對我曾指導過的人、對我的團隊來說，都是如此。我做夢也沒想到，這會如此有趣！做自己生來最擅長的事是最為美好的體驗。

幾年前，我在為高階主管舉辦的年度領導力交流大會（Exchange）上，有幸邀請到科瑞塔・史考特・金恩（Coretta Scott King，美國民權運動領袖馬丁・路德・金恩〔Martin Luther King Jr.〕的遺孀）和柏妮絲·金恩（Bernice King，金恩博士之女）前來擔任講者。我們都坐在亞特蘭大的以便以謝浸信會教堂（Ebenezer Baptist Church）中，聽他們講故事。與會者最想知道的主題，是馬丁·路德·金恩那次「我有一個夢」的演說。柏妮絲告訴我們，那天有很多講者預定在林肯紀念堂的台階上發表演說。許多講者為了在電視曝光，都想搶到最佳演說順位。柏妮絲的父親主動退讓，他不在意自己的順位，只在乎能否跟人溝通。結果，那場演說締造了歷史。為什麼？因為他在實現自己的使命。第二年，民權法案在華盛頓特區獲得通過。金恩追隨自己的熱情，找到了自己的目標，對世界產生巨大影響。

常有人說，**人的一生中有兩天最了不起：出生的那一天，以及發現人生意義的那一天**。我想鼓勵你尋找天生的使命，然後全心全意地追求。

自我覺察法則的生活應用

本章的問題旨在促使你認識自己，走上屬於你天命的道路。以下是問題的精簡版。投注大量時間來回答這些問題，這樣一來，你就會制定行動計畫。

一、你想做什麼？
二、你有才華、能力和機會支持自己去做這件事嗎？
三、你知道自己想做的動機嗎？
四、你知道（今天開始）要執行哪些步驟嗎？
- 覺察。
- 行動。
- 責任感。

五、你可以從前輩身上得到哪些建議？
六、你願意付出什麼代價？這會要你付出多少時間、資源和犧牲？
七、你最需要成長的是什麼？（你得專注於自己的優點、克服任何阻礙你實現目標的缺點。）

| 3 |

鏡子法則
為自己增值？你得看到自我價值

個人成長是指相信自己值得投注必要的辛勞、
時間和精力來開發自己。
——丹尼斯．魏特利（Denis Waitley，勵志演說家）

我經常問自己是什麼阻礙了人的成功。我相信，每個人內在都有成功的種子，只需要好好照顧這些種子，澆水、施肥，種子就會開始生長。這就是為什麼我畢生都努力幫助別人提升價值。我就喜歡看他們綻放潛力！

那為什麼許多人無法成長、發揮不了潛力呢？我的結論是，其中一個主要原因是自卑。許多人不相信自己，看不到上帝賦予他們的機會。他們擁有一百畝的機會，卻從不去耕耘，深信自己無法學習、成長、開花結果。

一段沒有價值的人生？

瓊妮塔．麥克史旺（Johnnetta McSwain）就是一例。我最近得知了她的故事。三十多年來，她一直認為自己沒有什麼價值或潛力。但老實說，她對自己的負面認知有很多合理的原因。

她出生在單親家庭，母親不想要小孩，還直接對她說。她與大她一歲的姐姐索妮婭（Sonya）與堂姐在五、六歲之前，都是由住在阿拉巴馬州伯明罕（Birmingham）的祖母撫養。但家裡還住著三名叔叔，他們對三個孩子施加精神虐待、身體虐待和性虐待。瓊妮塔的身心傷痕累累。

瓊妮塔說：「我五歲時，就開始相信自己不僅不如人，還是一個被媽媽遺棄的小孩。身為一個小孩，我沒有地位、沒有發言權，也沒有任何價值。」[1]

瓊妮塔和索妮婭的母親得知此事後，帶著三個女孩搬到新家。但受虐依然沒停止，這次施虐的是母親帶回家的男人。索妮婭最後選擇露宿街頭，開始吸食快克古柯鹼（crack cocaine）。瓊妮塔沒有吸毒，但大部分時間都在街頭流浪，十一年級就從高中輟學。她十九歲時未婚生子，二十多歲又生了第二胎。多數時候，她都住在政府補助的住宅內，依靠政府的救濟金過活，仰賴男朋友提供額外援助。為了穿名牌衣服，她開始到商家行竊。

索妮婭的看法辛酸地呈現了她們的慘況：「我家每個人都吃過牢飯、吸過毒，而且高中都沒畢業，所以我活著有什麼意義？我會有什麼成就？什麼都不會有！我要實現什麼目標？什麼都不用。」[2]

照照鏡子！成為理想中的樣子

瓊妮塔過三十歲生日時，開始審視自己。她討厭自己當下的樣子。她寫道：

> 那一天我醒來，發現自己根本沒有什麼好慶祝的——沒有錢、沒有穩定的工作、沒有家、沒有老公、沒有目標，甚至沒有改善現況的想法……最後，我知道是該做出改變了。[3]

她不滿意自己的生活，意識到如果繼續往相同的方向走下去，兩個兒子的人生也會出問題。就她所知，家裡沒有半個男性從高中畢業。許多人早早過世，不然就是被關進大牢。她不希望兒子淪落相同的命運。

對於瓊妮塔來說，成長始於她努力取得高中同等學力文憑（GED）。她參加了為期十二週的課程，然後參加了考試。她需要四十五分才能及格，卻只拿到四十四點五分。但她下定決心出人頭地，所以抓緊機會重考。通過考試後，她被選為畢業典禮的致詞代表，她高興得不得了。但家人都懶得出席典禮。

瓊妮塔知道，如果她真心想改變，就必須離開伯明罕重新開始。她想完成家中沒人做過的事：讀大學。她決定搬到喬治亞州的亞特蘭大，內心有個堅定的念頭不斷激勵著自己：「**我有機會成為自己理想中的樣子**。」[4]

她花了將近三年才上大學，但依然採取了行動。不久後，她錄取肯尼索州立大學（Kennesaw State University），決定每學期都要把課排得很滿。她開始讀大學時已三十三歲。雖然她的課外知識豐富，但並不太熟悉課內知識——至少起初是如此。這點讓她一開始感到卻步，可是她生平首次下定決心，一定要讓自己變得更好。她很快便發覺，自己其實辦得到。

瓊妮塔說：「我發現自己不必聰明，只要有決心、有動力、有專注力就好。但這對我來說要付出很大的代價。我必須改變本來的思維，要像聰明人一樣思考。」[5]她不僅認真向學、保持專注，還在每堂課去找最聰明的同學，問對方是否願意一起讀書。沒多久，無論在讀書或思考方面，她都跟校內成績優異的學生沒兩樣了。她也保持著對未來的憧憬。每學期剛開學時，都會去學校書店試穿畢業服，站在鏡子前打量自己，想像著畢業的模樣。

某天，有位同學跟她聊天，讓她有了新的體悟。同學說：「我無法愛自己，我什麼都不是。」

瓊妮塔回答：「如果我都能愛自己，你一定也可以愛自己喔。」那時她忽然首次意識到：「我居然愛自己耶。」她變得不一樣了，逐漸成為理想中的模樣、生來要成為的自己。

瓊妮塔用三年的時間拿到學士學位，接著繼續讀研究所，取得社工碩士學位。目前，她正在努力攻讀博士學位。

她說：「我在努力讀書時，社會都不看好我，認為我做不到。但我就是做到了！」[6]

你懂得投資自己嗎？

瓊妮塔的故事極具說服力，說明正視自我價值，進而加以增值，人生會有多大的改變。在瓊妮塔的例子中，她當初的動機是想幫助自己的孩子，於是先開始提升自己的價值，後來也看到了自己的價值。但兩者的先後順序並不重要，彼此相輔相成，重要的是展開提升價值的循環！

如果你沒有發覺自己真正的價值、沒有意識到自己值得投資，那就永遠不會花時間和精力發揮潛力。如果你不確定自己是否同意，不妨思考以下幾點。

自尊是行為最重要的關鍵

我經常聽朋友吉格・金克拉（Zig Ziglar）說：「我們待人處事，不可能始終異於看待自身的態度。如果我們對自己抱持負面態度，就鮮少能以正面態度做事。」吉格的智慧非常實用又符合常識，多年來已跟許多人分享。而該領域的專家也表示同意。研究自尊的專家納森尼爾・布蘭登說：「**一般人的心理發展和動機形成過程中，最重要的因素就是對自我的價值判斷**。看待自己的方式，會影響生活的各個層面。」如果你認為自己毫無價值，就不會去提升自我價值。

低自尊限制我們的潛力

《領導力21法則》一書中的天花板法則（Law of the Lid），讓我變得廣為人知。想像一下，你想用自己的人生做些偉大的事，藉此影響許許多多的人。你可能想創辦一間龐大的公司。無論多強大的渴望，都會受到領導力的限制。這是你的潛力天花板。個人自尊也有同樣的影響。如果你的渴望強度是十分，但自尊強度只有五分，你絕對達不到十分的水準，表現只會落到五分以下。**人的表現無法超**

越自我認知的形象。正如納森尼爾·布蘭登所說：「如果你覺得能力不足以面對挑戰，不值得被愛或尊重，沒有享受幸福的權利，害怕果斷的念頭、欲望或需求——如果缺乏基本的自信與自重——自尊低落就會成為你的枷鎖，擁有再多優勢也一樣。」

別人的看法？你何必全盤接受

一名男子去算命，想聽聽算命師對他未來的看法。算命師看著水晶球說：「你將會又窮又不快樂，直到四十五歲。」

「然後會發生什麼事？」男子滿懷希望地問。

「然後你就會習慣了。」

很遺憾，大多數人都是如此過活——在意別人對他們的看法。如果他們人生中的重要親友都覺得他們一事無成，這就是他們對自己的看法。如果你周圍的人都對你有信心，那也無妨。但如果正好相反呢？

你不應該太在意別人對你的看法，而應該更關心你對自己的看法。瓊妮塔·麥克史旺就是如此。她準備搬到亞特蘭大時，親友說她絕不可能搬家。等到她真的搬家了，他們說她會灰頭土臉地回到伯明罕。沒有人真的對她有信心，但她並不在乎，而是有自己的想法。她說：「別人對你的看法，你不一定要全盤接受。」[7]這樣不是很棒嗎？

如果你不看重自我，這個世界必定不會提升你的價值。如果你想成為發揮潛力的人，就必須相信自己有此能力！

打造自我形象的十大步驟

必須承認，自我形象對我而言從來就不成問題。我在極為正向的環境中長大，一直相信自己能成功。但我和很多際遇相反的人共事過，並且幫助部分人走出困境，產生自信，就像我對他們有信心一樣。如果你跟他們一樣，我也希望能幫助你。首先，請牢記以下十條建議。

一、重視自我對話

無論你知道與否，其實你在不停地跟自己對話。你的本性是什麼？你懂得鼓勵自己嗎？還是會批評自己？如果你是正向思考的人，就有助於建立正向的自我形象。如果你處事消極，就會破壞自我價值。消極批判的自我對話從何而來？通常來自我們的成長環境。在《解答》（*The Answer*）一書中，作者約翰．阿薩拉夫（John Assaraf）和莫瑞．史密斯（Murray Smith）談到了孩子在成長過程中的負面影響。他們寫道：

十七歲的時候，你平均已聽到十五萬次「No」，卻只聽過五千次左右的「Yes」，三十比一。這就形成了「我做不到」的強烈信念。[8]

這需要克服很多心理障礙。也是為什麼瓊妮塔花了三十年時間，才相信自己可以改變。她從小就覺得自己毫無價值。

如果我們想改變生活，就必須改變對自己的看法。如果我們想改變對自己的看法，就需要改變對自己說話的方式。隨著年齡的增長，我們對自己的思維、言談和信念更要負起責任。難道生活中的問題還不夠嗎？為什麼還要每天用負面的自我對話打擊自己呢？

小時候，我最喜歡的故事是《小火車做到了》（*The Little Engine that Could*）。為什麼？因為我受到很大的鼓勵！我曾經讀了一遍又一遍，心想：「那就是我啊！我也做得到！」

你需要學會鼓勵自己、當自己的啦啦隊。每次你表現優異，別不當一回事：好好讚美自己。每次你選擇自律而不是放縱，不要告訴自己本應如此，認清你是在幫助自己。每次你犯錯，不要翻出所有的錯誤，告訴自己，你正在為成長付出代價，下次會做得更好。凡是對自己說正面的話，都會產生幫助。

二、別再跟別人比較

剛踏入職場時，我都很期待來自組織的年度報告，明列每位領導者的統計數字。一收到郵件，我就會查看自己的排名，把自己的進步與其他領導者的進步加以比較。大約五年後，我才發覺此舉造成的傷害。跟別人比較時會發生什麼事？通常有兩種結果：其一是你認為別人遠遠超越你，因此感到萬分沮喪；再來則是你認為自己比別人優秀，因此引以為傲。兩種結果對你都沒有好處，也不會幫助你成長。

拿自己跟別人比較，真的只是不必要的干擾。唯一應該跟自己比較的就是你自己。你的任務是比昨天的自己更好，因此只要專注於今天能做什麼，藉此進步與成長就足夠了。如果你回首過去，把幾週前、幾個月前或幾年前的你跟今天的你相比，應該會為自己的進步深受鼓勵。

三、跳脫侷限你的信念

我很愛傑夫．麥克內利（Jeff MacNelly）的老牌連環漫畫《Shoe》。我最喜歡的一集是，主角修（Shoe）在棒球比賽中投球。在投手丘上，他的捕手對他說：「你得對自己的曲球有信心啊。」

「他說得容易，」修抱怨著：「相信自己這檔事嘛，我是不可知論者。」

遺憾的是，很多人就是如此看待自己，不相信自己能成就大事。但一般人生命中的最大障礙，通常是自我的侷限。正如實業家查爾斯．施瓦布（Charles Schwab）所說：「**一個人對自己要做的事設**

限，就形同對自己能做的事設限。」這對瓊妮塔・麥克史旺來說千真萬確。她一改變畫地自限的想法，也就改變了自己的人生。

作家傑克・坎菲爾（Jack Canfield）為自我設限的思維提供了一項解方。在他的《成功法則》（*The Success Principles*）一書中，建議採取以下四個步驟，將自我設限的信念轉化為賦予力量的信念：

找出你想改變的自我設限信念。
思考這個信念是如何產生限制。
決定你想成為的樣子、想採取的行動、想要有的感受。
立下一份改變聲明，肯定或允許自己成為理想中的樣子、採取行動或擁有感受。[9]

這項建議真的實用。一旦你加以執行，每天都要對自己重複上述聲明，需要多久就多久，這樣才能改變自我設限的思維。

例如，假設你想學習一門外語，藉此拓展職涯或更能享受度假，可是認為自己做不到。一旦你確定有此信念，就要釐清不學習這門外語會產生什麼限制。再描述一下學習這門外語的樣子。你會有什麼感覺？外語會賦予你什麼能力？這對你的生涯可能產生什麼影響？然後寫一份改變聲明，肯定自己有能力學習這門外語，概述之後的實際學習過程，再描述自己會如何受到成長的影響。記住，最終阻礙前進的不是你的本質，而是你對自己的否定。

四、提升他人的價值

由於低自尊的人常常覺得自己不夠好，或者抱持受害者心態（這往往肇因於過去受過傷害），因此會過度關注自己，可能變得自我保護和自私，覺得這樣才能生存下去。

如果你就是這樣的人，可以藉由服務他人、提升他人價值來對抗這些感受。改變他人的生命——哪怕是很小的改變——都會提升自尊。**你在做好事的當下，很難自怨自艾**。除此之外，提升他人價值會讓他們更看重你，進而打造人與人之間的正向情緒循環。

五、只要是對的事，再困難也要做

建立自尊的最佳方法就是做對的事，這會帶來強烈的滿足感。每當你選擇逃避，會發生什麼事呢？你不是感到內疚、覺得有所虧欠，就是對自己撒謊、說服自己沒有做錯，或沒什麼大不了的。這對你個人和自尊都會產生傷害。

忠於自己與自己的價值觀，是建立自尊的一大基石。每當你採取行動塑造性格，你就會變得更加堅強——任務愈艱巨，性格塑造效果就愈強大。你可以藉由行動提升對自我的看法，因為正向性格會擴散到生活的各個方面，讓你做每件事都充滿信心和積極向上。

六、每天選擇一個生活領域實踐紀律

初任牧師時，我有件例行公事就是每天準備一些主日講道內容。我跟其他牧師聊天時，發覺大多數人都不是這樣，而是在星期五才開始準備。我不懂他們這麼做的理由，畢竟這好比面對一座高不可攀的山。然而我發現，如果慢慢準備一週的時間，到了星期五，我才有信心能完成工作。

如果你的生活有個領域帶來很大的壓力——健康、工作、家庭等——試著每天有一點點進度，而不是努力一次解決。既然自我價值奠基於每天的正向習慣、行動和決定，為什麼不建立你的自尊、同時解決最大的問題呢？不要為此煩惱或擔憂，採取具體的步驟。紀律能提振士氣，一步步提升你的自信，朝著正向前進。

七、慶祝微小的勝利

下一項建議其實是前一項的延伸。當你做了對的事或往對的方向踏出一小步，你有什麼感受？會對自己說什麼？你會有以下的念頭嗎？

喔，早該這麼做了。

我做的還太少。

不會有什麼差別。

沒希望了，我永遠不會成功。

還是比較像以下的念頭？

我這樣做很好。
我做了對的事——真了不起！
即使一點點也有幫助。
我離成功又更靠近一步。

如果你的思維比較像第一組，那就需要改變想法。

我得承認，慶祝微小的勝利對我來說並不困難，而要慶祝重大的勝利也沒有難度。我就是喜歡肯定自己的努力，你也應該如此。喘口氣，稍微慶祝一下，對你絕對有益。如果心想永遠都不夠好，你可能會失去信心。慶祝一下便能激勵你繼續前進，不要低估背後的力量。

八、依據你珍視的價值，為人生打造正向的願景

二〇〇六年瑞絲・薇斯朋（Reese Witherspoon）因為飾演《為你鍾情》（*Walk the Line*）的瓊恩・

卡特（June Carter Cash）榮獲奧斯卡最佳女主角。她引述了瓊恩．卡特的話：「過去常常有人問瓊恩．卡特過得如何，她都會回答『我很努力在過得有意義』，我懂她的意思了。」我們都希望自己的人生有意義。但我們不相信自己的價值，就很難做到。

如果你對人生有正向的願景，也採取行動加以實現，很容易就會正視自己人生的重要。像瓊妮塔．麥克史旺很愛自己的孩子，也很重視他們，同時懷抱正向的願景，相信孩子們都會出人頭地，打破她家庭中男性所延續的暴力循環。正因如此，她採取行動來實踐這個願景。

你看重的是什麼？什麼促使你對人生有正向的願景呢？如果你沒有意願，很可能會無動於衷。然而，如果你挖掘自我價值，努力看見未來的可能，就可以激勵自己積極行動，而每次的積極行動提升你的自信，到頭來又能幫助你採取更正向的行動。

九、實踐你的關鍵字

幾年前，我讀了凱文．霍爾（Kevin Hall）所寫的《改變的力量》（*Aspire*），受到很大的啟發。我覺得作者非常風趣，很想認識他。書中我最喜歡的段落，提到凱文如何幫助他人成長：

> 只要是我所指導的人——盼望能在人生中加以拓展、成長和取得更高成就的人們，首先我會要對方選擇最能描述自己的關鍵字。一旦找到關鍵字，對方就好像翻了一頁書，用螢光筆畫出一

個單字，注意力和企圖心不再分散於三百個不同的單字，而是立即專注於那個字上，宛如單一的禮物。對方就能更著眼於全局。[10]

為什麼我老愛叫人挑關鍵字呢？因為關鍵字反映了你如何看待自己。不妨試試看。**如果你可以挑一個關鍵字形容自己，會是什麼呢**？我希望你選正向的單字喔！如此一來，這個字會幫助你朝著正確的方向前進。假如不是，那你就得重挑一遍。

十、對你的人生負責

我們常在人生遭遇自己甘願忍受的人事物。如果我們允許別人不尊重自己，我們就會不受尊重；如果我們容忍虐待，我們就會遭到虐待；如果我們接受過勞和低薪，猜猜會發生什麼事？如果我們沒有訂立自己的人生計畫和目標，我們就會成為別人計畫和目標的一部分！

毫無疑問，瓊妮塔替過去的自己和當時的處境負起責任，決定主導自己的生活，積極做出改變，人生就此大轉彎。這些改變並不容易，也不會很快發生。她得從黑洞裡把自己挖出來，但她終究做到了，而你也做得到。

我希望能坐下來跟你聊聊，聽聽你的故事，在你的人生旅程中鼓勵你。如果你剛經歷了一段艱難時期而感到自卑，我想告訴你的是，你擁有自己的價值，而且你很重要。你的人生可以改變，你可以做出改變——不管你有什麼背景，不管你來自哪裡。無論你受過什麼創傷或犯了什麼錯，都可以從中學習和成長。你可以發揮自己的潛力，首先**只要相信自己，就可以開始了**。每次你邁出一步、抱持正向的念頭、做出好的選擇、實踐小小的紀律，就離成功更靠近一步。只要不斷前進、持續相信就好。

鏡子法則的生活應用

一、列出你所有最棒的個人特質。如果你懷抱正向的自尊，這對你來說可能很容易，否則可能會很辛苦。不要放棄。有需要的話，花幾天或幾星期的時間條列，直到寫下一百項正向特質為止。

如果你花了很長的時間才列完，那就需要每天讀過一遍，提醒自己擁有的價值。記住，如果你不看重自己，就很難提升自我價值。

把這份清單當作基礎，選擇最能描述你的關鍵詞。你開始提升自我價值時，這個關鍵詞就成了指引你的北極星。

二、鮮少有比自我對話更能影響個人自尊的事了。你有意識到自己如何對自己說話嗎？可以用智慧型手機或隨身索引卡，統計這星期你每天對自己說了多少正面或負面的話。此外，你也可以詢問親朋好友，他們認為你的自我認知是正面還是負面。

三、如果你想覺得自己具有價值，那就提升他人的價值。你每天和每星期花多少時間關注他人、提升他們的增值？你會透過志工組織服務他人嗎？你會指導別人嗎？你會幫助那些不幸的人嗎？

如果你尚未如此，那就每週找方法為他人服務、提升他人價值。運用自身優勢做點事、讓他人受益，同時改善自我認知。一切從小事做起。如果你已在提供服務，那就擴大服務對象。根據經驗，最好花十分之一的時間用來服務他人、提升他人價值。舉例來說，如果你每星期得工作四十小時，那就花四小時為他人服務。

| 4 |

反思法則
懂得喊暫停，成長才會發酵

有效的行動後要安靜地反思，
安靜地反思會帶來更有效的行動。
——彼得·杜拉克（Peter F. Drucker，現代管理學之父）

成長有很多不同的方式，人生有無數的課程可供學習。但有時我們得願意停下腳步思考，讓經驗在內心發酵，成長才會出現。二〇一一年三月，我就經歷了這樣的成長。

暫停反思的巨大改變

當時我正在進行巡迴演說，其中一站是在烏克蘭基輔，在那裡預定要對約五千位企業家發表三次演說。我以前去過基輔幾次，無論是居民和城市，我都很喜歡。

首次演說的前一小時左右，我跟烏克蘭語口譯員會面。雙方聊了一會，好了解彼此。聊了幾分鐘後，他說：「我讀過你的幾本書。你說你想提升人的價值，但在這裡並不容易。大家不信任領袖，而且有充分的理由：這裡的領袖不會提升他人價值。」然後他又說：「我真心希望你能幫助他們。」

這番話在我心中留下深刻印象，讓我想起了跟好友吉姆．朵南（Jim Dornan）的談話。吉姆是「Network 21」的負責人，該組織在多個前鐵幕國家都有據點。吉姆曾告訴我，凡是在政府不老實、領導者狡詐又自私的國家，規避權威、操弄體制的能力反而成了美德。

由於我在演說前還有一點時間，所以先去了趟休息室，好停下來反思剛剛得知的事。我的情緒有點起伏，想花點時間讓思緒跟上情緒。所以我開始問自己一些問題：

我的心情如何？答案是很難過。世世代代生活在共產主義的統治之下，讓人灰心喪志、憤世嫉俗。當你內心缺乏希望，便很難有所成長。

我能做什麼？我可以讓他們看看我的真心。對部分觀眾來說，也許從來沒有領導者表示自己關心他們、希望他們成功。

我該怎麼做？我可以讓他們知道，我明白他們的處境與感受。我可以告訴他們，假如我在相同的環境中長大，也會像他們一樣，但領導者得選擇走一條具有道德高度的路，一路上提升他人的價值。我可以幫助他們理解，即使他們從來不受領導者所重視，自己也可以成為提升他人價值的領導者、成為促進國家和自己成功的改革者。然後，我花了一點時間祈禱，請上帝幫助我清楚完整地傳達這個意涵。

我並沒有完全放棄那天的演說大綱，但我確實為觀眾加以修改及客製化了。開始演說時我提到——後來那天經常掛在嘴邊——「我叫約翰，是各位的朋友。」我的語氣真誠。我也用這句話來淡化一些殘酷又幽默的事實。

起初，觀眾不知道該如何回應這句話。過了一段時間，他們開始產生期待。最後，我說這句話時，他們就知道笑點來了，便會先笑得人仰馬翻。隔天，我進來準備演說時，我的口譯員說每個人都在跟彼此說這句話。那時我才意識到，他們明白我是在鼓勵他們，也真的很想幫助他們。

每當我受邀出席活動，僅僅到場發表動人的演說遠遠不夠。每次演說時，我都想做兩件事：為我的觀眾增加價值、超越邀請人的期望。如果我沒有花時間停下腳步思考、讓口譯員翻出的誠實觀點沉澱，再根據聽眾的需求改變我的議程，這一趟很可能兩方面都會失敗。

成長的力量，來自停頓

如果你的年紀跟我差不多，可能記得可口可樂曾經用過的老口號。他們稱可口可樂讓人「停下腳步，心曠神怡」（the pause that refreshes）。對渴望成長的人來說，這便是反思的意義。學會停頓，好讓成長發酵。這就是反思法則。

以下是我對停頓力量的觀察，以及反思如何幫助你成長。

一、反思將經驗轉化為洞察力

兩千多年來，常有人說經驗是最好的老師。根據一位專家所言，這句話最早的記載可追溯至羅馬皇帝凱撒（Julius Caesar），他在《內戰記》（*De Bello Civili*）中寫道：「經驗是一切事物的老師。」[1]恕我直言，我不同意這種說法。經驗不是最好的老師。省思過的經驗才是最好的老師！凱撒之所以能夠這樣說，是因為他藉由反思人生與寫作受益良多。

很久以前有個笑話說：經驗是一位嚴厲的老師，因為都先考試才授課。這是千真萬確，但前提是經歷後花時間反思，否則即使先考完了試，也得不到教訓。一般人每天都累積無數的經驗，但很多人卻沒有從中學到任何東西，因為從來沒有花時間停下來反思。這就是為什麼停下腳步、讓理解在內心發酵是如此重要。

我聽說在世紀之交，有一家馬車鞭廠在製程上有重大進步。他們生產品質一流的鞭子，還不斷地改良，業內同行全都望其項背。但唯一的問題是，他們所處的時代正好汽車問世。不久，全國都改用不需要馬匹的車子。這家公司不久就倒閉了。我不禁好奇，如果領導高層停下腳步，理解這個經驗帶來的教訓，同時在過程中做出改變，會有什麼樣的結果。

二、每個人都需要有停頓的時間和地方

我還沒見過有人無法受益於停頓與反思。實際上，停下來反思是成長路上最有價值的舉動，甚至比動機或鼓勵更有價值。為什麼？因為停頓可以確保自己在正軌上。畢竟，**如果有人走錯了路，他不需要動機來加速，而是需要停下來**反思，從而改變方向。

我在《換個思考，換種人生》（*Thinking for a Change*）一書中，鼓勵大家去發現或打造可供反思的地點。難道是因為在特定地方停下來思考有什麼魔力嗎？並不是。我這麼說，是因為如果你特地打造一個地方，供自己停駐思考，並且安排時間前往，很可能就會真的用到，也會從中受益。

大多數人都很忙碌，身上背負著許多要求，在不同地方之間奔波，拚命要把事做完。過程中，有些特定的經歷成為了「人生印記」，那可能是去了某個地方、參加了某個活動或遇到了某個人，因為發生重要的事，影響了他們的人生。這些印記往往代表著一段過渡、改變或轉化的時期。

如果不花時間停下來反思，就會錯過這些事的重要意義。反思得以讓這些經歷從人生的印記變成人生的轉機。如果我們停下腳步，讓成長跟上我們，就會改善我們的人生，因為我們不僅更理解自身經歷的重要性，還能因此實踐改變、修正方向。我們也更能運用所獲智慧來教導他人。

三、有意地暫停以拓展並豐富思考

研究一下那些影響世界的偉人人生，不難發現幾乎所有人都花了大量時間獨自思考。歷史上，每一位重要的宗教領袖都懂得獨處。每一位締造歷史的政治領袖都規律地在獨處中思考與計畫。優異的藝術家花費無數時間在工作室或練習樂器，而且不僅僅是行動，還會探索自己的想法與經驗。大部分的一流大學不僅讓教職員有時間教學，還會給他們時間思考、研究和寫作。獨處的時間可以讓人爬梳經驗，將其納入自己的觀點，並且規畫未來。

如果你是領導者，忙碌程度可能是日常生活的十倍。領導者以行動為導向，承擔著大量責任，因此常常會忙來忙去而內疚，忽略了停下來思考。然而，這卻是領導者的要務之一。思考一分鐘，勝過談話一小時。

我強烈建議你找個地方思考，規律地停下腳步善用那裡，因為這有可能改變你的人生，幫助你去蕪存菁，找出真正重要的事。正如作家暨天主教神父亨利．盧雲（Henri J. M. Nouwen）的觀點：

「當你能在自己日常的行動和掛念中，打造一個孤獨的空間，便會逐漸不受成功和失敗所左右。」

四、停下腳步，做好四件事

你特地停下來反思時，思維應該遵循以下四個基本方向：

探索

有個老掉牙的笑話，兩名男子被派去打掃馬廄，他們腳下到處都是馬糞。甲男對乙男說：「這附近一定有一匹馬，但不知道在什麼地方。」有些事顯而易見，不需要思考就能明白。有些則需要我們明察秋毫。

偉大的科學家伽利略說過：「真理一旦有人發現，就很容易理解。關鍵在於發現真理，這需要探索。」停頓不僅意味著放慢腳步聞聞玫瑰花香，還意味著停下來去認真理解。這通常需要藉由提問達成，我將在本章下一部分討論。須牢記的是，唯有當我們在經驗中發現洞見與真理，才能不斷地成長。這來自探索。

醞釀

醞釀是把人生體驗放進腦袋，猶如在鍋中慢燉。這跟冥想非常相似，就好像禱告的「另一面」。我在禱告時，跟上帝交談。我在冥想時，則傾聽上帝。醞釀是傾聽並學習。

我不斷把各種名言和觀念放進腦袋加以醞釀。現在，我則放在 iPhone 的 Notes 程式中，靜置在那裡幾天、幾週或幾個月，並經常閱讀來進行反思。以下是我目前正在思考的名言：

「你如果不是坐在餐桌前，就是被列在菜單上。」

「擺脫危機不靠等待或躁進，而是有賴努力。」

「高效領導者的特質是汲取教訓，而不放棄自己的靈魂。」

我會慢慢花時間讓這些觀念醞釀，直到我發現洞見或經歷下一階段，那就是「領悟」。

領悟

吉姆．羅恩說過：「**每天結束前，你應該好好評點自己的表現，結果不是值得喝采，就是當頭棒**

喝。」他說的就是領悟，指生命中「靈光乍現」的時刻，忽然有感而發或出現洞見的頓悟，像常聽到的「燈泡亮了起來」。人生鮮少有比這樣的時刻更具意義的事。

我發覺，唯有在花時間探索一個觀念、醞釀一段時間之後，才會出現領悟的時刻。但對投注時間心力停下來思考的人，這就是最棒的獎勵。

實證

大部分的好觀念都像骨架一樣，提供良好的結構，但骨頭上還需要肉。好觀念缺乏實質內容，就顯得沒那麼實用。一場演說如果沒有良好的實證會是什麼樣子？平淡的大綱。一本書沒有充實的想法、精彩的故事和深刻的佳句，會是什麼樣子？無聊。舉例是將思想具體化的過程。

作家暨消防員彼得．勒查克（Peter M. Leschak）認為：「我們都是觀看者——觀看電視、時鐘、高速公路上的交通——但鮮少人是觀察者。每個人都在觀看，但不是很多人在觀察。」懂得找個地方反思、有意識地停下腳步讓學習發酵的人，就沒有這個問題。

你懂得問好問題嗎？

每當我花時間停下來反思時，都會先問自己問題。而反思又覺得遇到障礙時，我還是會問自己問題。如果我想學點新東西或深入某個領域成長，同樣會問問題。我花很多時間在問問題，但這是一件好事。正如作家暨演說家安東尼・羅賓（Anthony Robbins）所說：「**成功的人懂得問好問題，因此就得到好答案。**」

就個人成長來說，提出好問題太重要了。如果問題聚焦，便會刺激創意思維。為什麼？因為良好的問題往往能深入核心，引發新的想法和見解。如果你的問題反映本心，就會帶來堅定的信念。如果你問高品質的問題，就有助於你打造高品質的人生。英國哲學家、政治家、科學家、律師、法學家、作家暨科學方法先驅法蘭西斯・培根爵士（Sir Francis Bacon）斷言：「若一個人開始就抱持絕對的態度，最後就會充滿疑惑；但若一個人願意從疑惑的態度開始，最後就會心懷篤定。」

十個問題，幫助你自我覺察

教別人如何有效提問可能十分困難，因為問題通常得視情況而定。因此，想要讓你對此有深刻的了解，最佳方式也許是分享我的問題與回答，參考我如何培養個人的覺察力。

一、我最大的優勢是什麼？

我認為自己最大的優勢向來是態度。首先，我從父親梅爾文・麥斯威爾身上學會正向態度的價值。父親讀了諾曼・文生・皮爾（Norman Vincent Peale）等作家的書，克服了天生的悲觀態度。

我太太瑪格麗特的態度也罕見的好。多年來，我們偶爾會納悶，為什麼其他人的問題好像比我們多出很多。後來得出的結論是，自己的問題並不是比較少，只是不會因為這些問題而沮喪，也不會因此就忽略我們認為重要的事。

回答這個問題對我有什麼幫助？不僅鼓勵我繼續培養正向態度，也提醒我幫助他人最棒的方式之一，就是讓正向的話語進入他們的生活，讓他們知道我對他們有信心，並且在他們的旅程中予以鼓勵。

二、我最大的劣勢是什麼？

毫無疑問，不切實際的期待是我人生的一大缺點。因為我天生樂觀，所以會低估了事情所需的時間、金錢和努力，可能會給我帶來麻煩。

回答這個問題對我的成長有什麼幫助？可以降低我對他人的期待，加以修改得更為實際，這有助於我帶領團隊邁向成功，而不是落入失敗，也幫助我為團隊成員和他們服務的組織，訂定更貼近現實的目標。

三、人生的最大樂事是什麼？

毫無疑問，家庭是我人生快樂的源泉。瑪格麗特是我的摯友，我無法想像少了她的人生。現在我們當了祖父母，享受著最愛的人生階段。

四、人生的最大低潮是什麼？

說來諷刺，我的人生最大低潮也是源自家庭。為什麼？因為我太愛家人了，卻必須讓他們自己做選擇。這對我這種個性的人來說，有時是很困難的事。幾年前，我的孩子還是青少年時，我跟羅恩·布魯（Ron Blue）和豪伊·亨卓克斯（Howie Hendricks）聊天，我問他們：「當父母的什麼時候才不用操心啊？」他們告訴我，永遠有操不完的心。此言不假。

人生的高潮和低潮都與家庭有關，這如何幫助我成長呢？我因此懂得享受跟家人相處的時光，同時不干涉孩子成年後的決定，除非她們主動徵詢我的意見。

五、我最有價值的情感是什麼？

我認為沒有比愛更具價值的情感了。我們愛自己所做的事、愛著親友，甚至愛著敵人時，我們的人生才最為圓滿。身為一個有信仰的人，我知道這是上帝為我設下的標準，也是我內心的渴望。

知道這點如何幫助我成長？愛是一種選擇，常常需要努力。因此，想要符合我內心標準去愛人，就必須有意識地付出愛，選擇每天都要愛人。

六、我最沒價值的情感是什麼？

無論對我或任何人來說，自憐都是最不可取的情感。極具殺傷力又自私。尤金・畢德生（Eugene H. Peterson）在《土地與祭壇》（*Earth & Altar*）一書中說：

> 憐憫是人類極為高尚的情感，但自憐可能是最低劣的情緒。憐憫是為了緩解他人痛苦而同理痛苦的能力；自憐則是失能的情感疾病，嚴重扭曲我們對現實的認知。憐憫發現他人對愛和療癒的需要，進而產生帶來力量的言語和行動；自憐會把整個宇宙變成個人的傷口，以此證明自我的重要。憐憫是慈悲行為的腎上腺素；自憐是種毒品，會讓成癮的人荒廢委靡。

明白自憐的負面影響，提醒了我要致力避免陷入泥淖。自憐幫不上忙，只會對我造成傷害。

七、我最棒的習慣是什麼？

十九世紀倫敦聖保羅大教堂（St Paul's）祕書長利登（H. P. Liddon）說過：「**在某些重大場合，我們的行事取決於我們的為人；我們的為人是前些年自律的結果。**」我百分之百相信這句話。這也是我努力遵守日常紀律的一大原因。我認為一**個人成功的祕訣，反映在他的日常行程中**。

也許自我質疑的最大價值，在於暴露了我對健康的忽視。養成良好的飲食習慣是一生的功課。而我是在心臟病發作後，才開始規律地運動。就這方面來看，我還在繼續努力成長。

八、我最差的習慣是什麼？

毫無疑問，我最差的個人特質就是缺乏耐心。我小時候就有這個毛病，現在已經是根深柢固的習慣。小時候，我們兄弟倆固定會去看爺爺麥斯威爾，每次探望到最後，他都會要我和賴瑞（Larry）坐在椅子上，說只要我們乖乖坐在椅子上五分鐘，就會給我們五分錢。賴瑞老是賺得那五分錢，我卻從來沒拿過，一次也沒有！

我明白人生中有些事得努力，有些事則得等待。就等待這件事來說，我還在努力成長。我猜自己要走到人生終點，才會達成這個目標。

九、我認為什麼事最為充實？

我最喜歡做的事就是與他人交流。與他人交流時，我知道自己最為自在、感受最為充實，也會產生最大影響。每當我與他人交流，內心深處都有一種感覺：「這是我天生的使命啊。」

剛踏入職場時，我發覺溝通帶給我很大的成就感，進而促使我成為更好的講者，因為當時自己其實並不擅長溝通。十多年來，這一直是我致力成長的首要領域之一。我一直努力精進溝通技巧，但今天這項提問帶給我的價值是，溝通幫助我保持專注，好讓我帶給他人和自己最大化的價值。

十、我最重視什麼？

我最重視的是信仰。信仰形塑了我的價值觀、指引我的行動，也一直是我領導力教學的基礎。信仰是我的泉源，賦予我安全感。德蕾莎修女（Mother Teresa）說：「信仰守護有信仰之人。」我認為千真萬確。

作家楊腓力（Philip Yancey）將**信仰**形容**為「預先相信事後看來有理的事物」**。因為我擁有信仰、清楚信仰在我人生中的價值，所以每天都能懷抱神的觀點。我需要信仰，否則就很容易偏離正軌。

以上十個問題其實是我對自己的提問，促使我能加以反思、改善自我覺察的能力。你可以提出生活任何領域的問題，幫助自己停頓、聚焦並學習。舉例來說，如果你希望人際關係有所成長，可以問自己下列問題：

一、**我看重他人嗎**？
二、**他人知道我看重他們嗎**？
三、**我該怎麼表示呢**？
四、**我在最重要的關係內，是「加分」還是「扣分」**？
五、**我有什麼證據可以證明自己的看法**？
六、**我愛的人會說哪些愛的話語**？
七、**我要如何服務他們**？
八、**在我的生命中，有沒有需要原諒誰來給予對方恩典**？
九、**在我的生命中，我應該特地感謝誰**？
十、**在我的生命中，我應該投入更多時間給誰**？

如果你想停下來思考個人成長的階段，可以問自己下列問題：

一、**我有沒有明白並實踐個人成長的十五條法則？**
二、**哪三條法則我最拿手？**
三、**哪三條法則我最棘手？**
四、**我有沒有每天都在成長？**
五、**我每天都做什麼事來成長？**
六、**我如何成長？**
七、**哪些事阻礙了我的成長？**
八、**我需要哪些突破來保持成長？**
九、**我今天遇到哪些學習契機？有沒有好好把握？**
十、**我有沒有把所學傳授給別人？**

你想實現的人生成就，以及當下所處的人生階段，會決定你今天最需要思考的領域，依自己狀況量身打造問題。但最重要的是，你必須寫下問題與答案。為什麼？因為你會發現，寫下答案後的想法，將不同於寫下答案前的想法。寫作有助於你挖掘屬於自己的知識、思想和信念。

再麻煩也值得

以上這些聽起來需要很多步驟又很麻煩。你想得沒錯，確實麻煩。這就是為什麼大多數人從不如此。但你付出的每一丁點努力都值得。你的人生愈向前邁進，就愈要花時間停下來思考。隨著年齡增長，你愈來愈少時間能堅持初衷實現天生的目標。但好消息是，如果你一直孜孜矻矻地追求成長，就更有能力達到目標，即使得做出重大改變或調整方向也沒關係。

多年前，我的朋友鮑伯．班福德寫了一本書，名叫《人生下半場》（*Halftime*），好看極了。整本書都是關於如何「停下腳步好讓成長發酵」。他在書中鼓勵那些上半輩子有些成就的讀者，停下來思考後半輩子想做什麼。以下是他給的一些建議：

> 如果不知道自己的人生使命，你的後半輩子走不了太遠。你可以用一、兩句話來描述使命嗎？方法之一是藉由問題（與誠實的答案）來開始擬定。你的熱情是什麼？你獲得什麼成就？你特別擅長什麼？你的為人如何？你的歸屬感在哪？你上半輩子有哪些「該做的事」煩惱著你？這類問題會指引你走向內心渴望的自我，幫助你發現自己生來要完成的任務。

務必別忘了，你的個人成長目標是發揮自身的潛力。想要實現此事，你需要時常停下腳步、不斷地提出問題並每天持續成長。

反思法則的生活應用

一、你是否打造了可供自己停下來反思的地方，而且持之以恆又有效果？如果沒有，就立刻開始吧。首先，釐清什麼環境對你有益。多年來，我選擇的地方包括一塊戶外的岩石、一個無人打擾的隔離小房間，以及我辦公室裡一張特別的椅子。找出對你有用的方法，只要有效就堅持下去。

二、安排時間停下來反思，否則這件事一定會被待辦事項拖延。理想情況下，這件事你每天只要花少許時間（十到三十分鐘）、每週則多花點時間（至少一、兩個小時）、每年數次騰出一天中部分時間（半天），再加上每年一次較長時間（短至一天、長至一週）。這些時間都要逐一記錄在行事曆上，當成重要約會那般守護。

三、漫畫家亨利．阿諾德（Henri Arnold）說過：「智者質疑自己，愚者質疑他人。」除非你擁有思考的意向，否則反思法則很難對你有益。想要有思考的意向，就得問自己尖銳的問題。

你現在最需要成長的領域是什麼？自我管理嗎？有沒有問題難以解決？是不是正經歷工作的停滯期？是不是最重要的人際關係正分崩離析？需不需要檢視或重新檢視目標？需不需要評估自己人生下半場的任務？

無論你的考驗是什麼，由此為中心提出問題，並在安排好的反思時間內，好好寫下你針對這些問題的答案。

| 5 |

毅力法則

動機刺激前進，紀律推著成長

毅力是卓越的象徵與偉大的試金石。

——吉姆．崔瑟爾（Jim Tressel）

我剛展開演說生涯時，相信激勵觀眾是幫助他們成功的關鍵，內心想著：「如果我讓他們朝正確的方向前進，他們就會成功。」我會盡力告訴觀眾認真向上的理由，也會設法逗他們開心，試著打動他們的心。我的目標是讓人產生動機，準備好水槍往地獄衝鋒。演說結束時，我自認表現得可圈可點。然而，這股動機往往不會持續太久。

我仍然堅信動機的重要性。每個人都想受到鼓勵，享受躍躍欲試的感覺。但就個人成長來說，真相是動機刺激你前進，但紀律推著你成長。這就是毅力法則。你多有才華不重要，得到多少機會也不重要。如果你想成長，毅力才是關鍵。

複利效應！每天提升一點毅力

如果你希望表現得更加自律且一致，就需要在成長中更加自律與一致。要怎麼做呢？了解個人改進的內容、方式、原因和時間，花點時間思考以下四個關於成長的問題：

一、你知道自己需要改進什麼嗎？

記者暨作家喬治・羅里莫（George Lorimer）說過：「**如果你想心懷滿足地上床睡覺，就得每天早上充滿決心地起床。**」確實如此，但重要的是知道如何引導這份決心。

我已經詳細討論了這點，但我認為值得再提一遍。你必須開發自己才能成功。我常常看到有目標的人，進步過程中缺乏毅力。他們有成功的雄心、展現工作的資質，卻沒有前進。為什麼？因為他們認為自己可以駕馭工作，而不需要駕馭自己。真是大錯特錯。你的未來取決於個人的成長。只要你每天提升自己，保證未來充滿可能性。你拓展自己的能力，就等於拓展了視野、選擇、機會與你的潛力。

一九六九年展開牧師生涯後，如果我把所有時間用來精進工作能力，就永遠不會成長。但因為我專注於提升自己，所以從照顧他人變成領導他們，從演說改為寫書，從只影響小型宗教組織，拓展為影響許多不同類型的組織。我把注意力從體制轉移到創業，影響力從地方、國家再延伸到國際。我從最早的管理組織，到後來創辦並發展組織。為什麼這會發生在我身上呢？因為我努力提升自己，而不僅是改善我的工作或職位。這開啟了我的未來，獲得過去意想不到的成果。

格雷（E. M. Gray）說過：「成功者習慣做失敗者不喜歡做的事。成功者也不喜歡做這些事，但強烈的使命感勝過內心的不喜歡。」愈專注於自己的目標，愈致力於往目標前進，就愈有可能發揮潛力、拓展可能性，並做一些有意義的事。

二、你知道如何提升自己嗎？

因為「如何提升自己」這個問題，我才開始努力從勵志演說家轉變為勵志教師。我不希望觀眾離開課堂時，單純只有受到啟發，卻不確定如何繼續下去。為了成長，大多數人需要知識、經驗和指導。

你知道如何提升自己嗎？我有四項非常簡單的建議，可以推你一把：

連結動機和性格

每個人的動機誘發方式與來源不盡相同。要給自己一絲機會培養成長的毅力，首先得利用你的性格類型來找到前進的動力。常用的性格分析與系統有幾十種。我喜歡心理學家弗洛倫斯．妮蒂雅所教的經典性格類型。

第一類性格是「鎮定型」。這種性格的優點是隨和、討喜，缺點則是易有惰性。如果你擁有鎮定型性格，要如何獲得成長的動力呢？在你需要做的事情中找到價值。只要鎮定型的人發現行事的價值，堅決程度（其實就是頑固）可能在所有性格類型中名列前茅。

跟鎮定型相對的是「易怒型」。這種性格的優點是容易掌握主動權，也能快速做出決定，缺點則是凡事不是自己「主導」，就會拒絕參與。如果你擁有易怒型性格，要如何利用內在的動力呢？專注於自己能做的選擇。每個人都要主導自己的成長，選擇你的成長方式，然後堅持下去。

最愛玩的性格類型非「樂天型」莫屬。樂天型的人經常是眾人的開心果，缺點往往是缺乏專注力。如果你擁有樂天型性格，要如何獲得成長的動力呢？把成長當成遊戲即可。如果感覺不大可能，那就獲得階段性成功時，給予自己獎勵。

最後一類性格則是「憂鬱型」。憂鬱型的人事事追求完美，優點是講究細節，但也因為想把每件事都做到完美無缺，所以十分害怕犯錯。如果你擁有憂鬱型性格，要如何找到超越恐懼的動力？可以專注於鑽研細節的樂趣，以及精通個人擅長主題的潛力。

正如你所見，每種性格類型都有自己的優點。你只要挖掘屬於自己性格的強項，就能在往成功的路上站穩腳跟。

從小事做起

園藝初學者最常犯什麼錯？跟許多個人成長的初學者一樣，都太過貪心。結果呢？心灰意冷。當你急著做太多事，幾乎必定達不到預期的結果。這會讓人失去動力。打造激勵自我動力的祕訣，就是從小事做起。

查爾斯．舒茲在連環漫畫《花生》中便幽默地呈現這種想法。在棒球場上被三振出局後——一如往常——查理．布朗回到休息區，癱倒在板凳上。

「可惡！」他哀嘆道，「我永遠當不成大聯盟球員了。我就是沒有才華！我這輩子都夢想能在大聯盟打球。可是，我知道自己沒希望了。」

總是樂於發表意見的露西（Lucy）說：「查理．布朗，你想得太遠了。你得替自己設定短期目標啊。」

「短期目標？」查理問。他跟許多人一樣，從來沒有思考過這件事。

「對啊，」露西建議，「從下一局開始，你出去投球的時候，先看看能不能一路走到投手丘不摔倒！」

實業家伊恩．麥格雷戈（Ian MacGregor）說：「我的工作原則跟馴馬師一樣：先從低欄架開始，就是容易達成的目標，然後再提升難度。就管理來說，絕對不能要求別人完成達不到的目標。」

如果你想獲得續航力，改善動機，就先設定有價值又容易實現的目標。掌握基礎原則，再持之以恆地每天練習。**每天有毅力地重複小小的紀律，久而久之便會有了不起的成就**。讀書時，這個方法格外管用。實際上，我在寫《與人共贏25法則》（*25 Ways to Win with People*）時，就建議讀者培養交際能力，每星期從二十五項技巧挑一項來練習。每天單純做好這件事，進步再也不會是難事。

如果你想成長，就不要想當大贏家，而要努力當小贏家。安德魯．伍德（Andrew Wood）主張：「很多人在努力實現目標的過程中，都會搞錯方向，老是在追求全壘打或萬靈丹，神奇地化夢想為現實。問題是，沒有許多小小的勝利，就不會有巨大的成功。大多數的成功並非天外飛來一筆，而是來自簡單漸進的進步。」

培養耐心

老實話，我建議他人要培養耐心時，自己才是最需要耐心的人。正如我在上一章所提到，缺乏耐心是我的一大缺點。我認為，這是因為我對自己和他人抱有不切實際的期望。我想做的每件事都比預期來得費時，每次努力都比想像中困難，每件計畫的成本都比預期要高，交辦他人的每項任務都比想像中複雜。有時我相信耐心就是輕度的絕望，只是偽裝成美德罷了。

我並非唯一這樣想的人。如果你是美國人也許會同意，美國文化本身就有耐心不足的問題。我們一切都想求快，四周充斥著速食餐廳和快速減重診所。實在太諷刺了。

波斯詩人薩迪（Saadi）便教大家：「**要有耐心，凡事必先難後易**。」真有智慧的建言。大多數人從未察覺自己離成就有多近，只因為他們太快放棄。人生一切有價值的事物都有賴奉獻和時間，成長最多、成就最大的人，都懂得掌握耐心和毅力這兩股力量。

重視過程

學習時，最棒的事就是可以培養能力來重視、享受成長的過程。這會花上很長一段時間，所以乾脆好好享受這段旅程。

幾年前，我跟朋友佛恩（Vern）和夏琳．亞米塔吉（Charlene Armitage）吃晚飯。夏琳是事業有成的人生教練，手上的客戶無數。我問她在當教練時，通常看重哪些事。她的回答凸顯了一件事：必須開發個人歷程，才能成長並改變人生方向。她說：「人生目標是藉由設定年度目標來實現；年度目標是藉由達到每日目標來實現；每日目標的達成，則是做最初不自在但日後成為習慣的事。習慣是強大的力量。習慣把行動變成態度，把態度變成生活方式。」

你可以把明天當作成長的動力，但如果你真的想成長，注意力需要放在今天。如果你珍惜今天並找到享受的方法，就會把心力投注在今天。你今天邁出的一小步，都會在未來某天成為一大步。

傑克．威爾許（Jack Welch）和蘇西．威爾許（Suzy Welch）在他們的著作《致勝的答案》（*Winning: The Answers*）中提到：「太多人以為，取得公開的巨大成就會永遠解決他們的自信問題。這只發生在電影裡，在現實生活中，有效的是相反的策略。不妨稱之為『小小勝利』策略。」他們描述了傑克首次演說的經歷：即使有詳細的筆記和大量的練習，十五分鐘仍是災難一場。因此，他致力慢慢求進步，藉由重視過程實現目標。他非但沒讓恐懼或失敗壓垮自己，反而直接面對失敗、找出問題所在、設定新的目標，然後重新開始。他們表示：「你早晚會發現，各種挫敗確實帶來需要知道的教訓，這樣你就可以重整旗鼓，再度出擊，帶著更多的……膽量。」這項策略確實奏效了。他們寫道：「如今，在成千上萬的人面前，不做筆記就回答問題，一點也不傷腦筋，反而很好玩。」[1] 如果不重視過程，進步就不會發生。

三、你知道為什麼自己想要不斷進步嗎？

了解需要改進的內容和方法，是個人成長的毅力關鍵。但個人成長的誘因同樣重要。內容和方法只會推著你走完前半，誘因才能在最初的能量和熱情消退之後，讓你繼續保持動力。意志力低落時，誘因能讓你堅持下去。不妨當作「誘因的力量」。

我很喜歡一個關於推銷員的故事。他從飯店餐廳的窗戶往外看，外面正下著一場暴風雪。他問服務生：「你覺得明天早上的路會通嗎？」

服務生回答：「不一定，看您是領月薪還是領佣金嘍。」

學習變得困難、令人氣餒或枯燥乏味時，強大的誘因會幫助你繼續前進。如果你的成長跟價觀、夢想和目標連結，就會知道自己追求成長的理由，更可能堅持到底。

判斷你是否已經動用「誘因力量」的方法之一，就是我朋友麥克．莫爾多克（Mike Murdock）所說的「誘因檢驗」。針對以下七個問題的答案，你就會知道自己的誘因是否夠強大，足以激勵你不斷成長：

問題一：**你經常拖延重要任務嗎？**

問題二：**你需要哄騙才去做瑣碎的例行工作嗎？**

問題三：**你工作只是為了勉強餬口嗎？**

問題四：**你經常抱怨你的工作嗎**？

問題五：**朋友的鼓勵會激怒你嗎**？

問題六：**你展開小計畫後會放棄嗎**？

問題七：**你會迴避提升自己的機會嗎**？

如果面對這些問題，你的答案都是肯定的，就表示還沒找到足夠強或足夠大的誘因來維持你的成長。

小時候，媽媽不斷給我「誘因」讓我堅持下去。她都會說：「只要你吃蔬菜，就可以吃甜點。」她知道我不想吃蔬菜時，得讓我知道吃蔬菜的好處。這樣的訓練引領我走向成功，因為我開始學習動機和紀律之間的關係。如果你仔細想想，就會發現紀律和動機是一體兩面。如果你具有所需動機，紀律就不會是問題。如果你缺乏動機，紀律永遠都會是問題。

你必須給自己更多更大的誘因，才能一直「想要」努力成長。我在《通往夢想的十個黃金法則》一書中提到，你實現夢想的理由愈充分，成功的機率就愈高。這項原則同樣適用於成長。你找到的成長誘因愈多，就愈可能堅持到底。當然，在特定的環境中，只需要單一的強大誘因就足夠了。正如肯亞世界級跑者伯納德．拉加特（Bernard "Kip" Lagat）在雪梨奧運上接受採訪時，有人問到肯亞如何培養出這麼多優秀長跑選手，他的回答是：「因為路標都會寫『小心獅子』啊。」[2]

美國國家橄欖球聯盟傳奇教練文斯．隆巴迪（Vince Lombardi）說：「**一旦你學會放棄，放棄就**

會成為習慣。」如果放棄已經是你的習慣，我建議你採納我朋友戴倫·哈迪的建議，他寫了一本很棒的書叫《複利效應》（*The Compound Effect*），書中寫道：

> 複利效應是指從一連串明智的小選擇中，獲得大量的回饋。對我來說，這個過程中最有趣的是，儘管成果豐碩，但當下的步驟並不令人覺得重要。無論你是用這種策略來改善你的健康、人際關係、財務狀況或其他事務，這些變化都細微到幾乎無法察覺。這些微小的改變幾無立即成果，也沒有巨大勝利，更沒有明顯的實質回報。所以，為什麼要自找麻煩呢？
>
> 大多數人都會被複利效應的簡單所誤導。例如，他們連續練跑八天後就放棄了，只因為自己仍然過重。或鋼琴練了六個月後就停了，因為除了〈筷子曲〉（Chopsticks）他們什麼也沒學會。或過幾年就不把錢存到個人退休帳戶（IRA）了，因為他們需要現金——而且存起來似乎也沒多少。
>
> 他們沒有發覺的是，時間一久，這些看似微不足道的舉動如果持之以恆，最終會帶來徹頭徹尾的變化。[3]

當你做出正確的選擇——再小的選擇也沒關係——長期堅持下去，就會對人生產生重大影響。如果你記得當初做此選擇的原因，一切就會變得更加容易。

四、你知道何時該提升自己嗎？

最後一塊拼圖是「時間」。你何時需要提升自己？首先，顯而易見的答案就是：現在開始，今天行動。作家暨教授利奧．巴士卡力指出：「為明天而活的人生，實現夢想永遠會晚一天。」所以，如果你還沒開始，就得現在開始。更重要的是，你需要把今天當成每天。

除非你改變每天做的事，否則永遠不會改變人生。這意味著必須培養良好的習慣。紀律是目標和成就之間的橋梁，而這座橋梁每天都要跨越。久而久之，過橋便成了一種習慣。人終究無法決定自己的未來，只能決定自己的習慣，而習慣決定了未來。正如作家暨演說家博恩．崔西（Brian Tracy）所說：「從早上起床到晚上睡覺，你說的話、做的事和產生的反應大都取決於你的習慣。」

你每天有什麼習慣需要改變？什麼習慣需要培養？也許更重要的是，什麼習慣需要戒除？專欄諮詢作家艾比蓋兒．范布倫（Abigail Van Buren）曾打趣地說：「壞習慣永遠不會憑空消失，向來只能自己動手拆除。」為了改變明天的習慣，你願意改變今天的習慣嗎？

最後，**所謂辛苦，其實是你長期逃避簡單的事累積而成**。這就好比節食與運動，每個人都想變瘦，但沒有人想做出正確的選擇。如果你既沒有正確的飲食，又沒有每天規律的運動，結果當然很辛苦。然而，如果你每天一點一點地做出正確的選擇，日復一日，你就會看到成果。

停止定目標，你該做的是……

毅力並不容易。小說家阿道斯・赫胥黎（Aldous Huxley）認為：「毅力與本性背道而馳，也與人生背道而馳。只有死人才會真正持之以恆。」儘管如此，擁有毅力才能成功。你必須釐清對自己有用的事，但我很樂意分享對我有用的事。我注重的不是要有目標意識，而是要有成長意識。以下是兩者的差異：

目標意識	成長意識
著眼於終點	著眼於過程
激勵自己與他人	成熟自己與他人
特定時期出現	終身持續
挑戰自己	改變自己
達成目標就停下腳步	達成目標後持續成長

我非常相信人，也相信人的潛力——對他人如此，對自己也如此——所以我從來不想設定太小的目標，限制了人的潛力。我初入社會時便是目標導向，後來意識到這會限制自己。如果你相信自己與

自己的潛力，就專注於成長，不要只看目標，誰也說不準你成長的幅度會有多大。你只需要不斷地投入心力，持續相信自己就好。

二十世紀電影配樂傳奇，如何打破瓶頸？

樂評家厄涅斯特・紐曼（Ernest Newman）說過：「**偉大的作曲家不是因為靈感來了才創作，而是在創作中獲得靈感**。貝多芬、華格納、莫札特和巴哈都日復一日地忙於手邊工作，沒有浪費時間等待靈感。」當今最著名、最多產的作曲家約翰・威廉姆斯（John Williams）也是如此。即使你沒聽過他的名字，也肯定知道他的作品。你記得電影《第三類接觸》（*Close Encounters of the Third Kind*）中成為溝通關鍵的五個音符嗎？記得《大白鯊》（*Jaws*）伴隨著鯊魚出現的陰森音樂嗎？記得《星際大戰》（*Star Wars*）、《法櫃奇兵》（*Raiders of the Lost Ark*）和《哈利波特》（*Harry Potter*）系列電影主題曲嗎？以上都是約翰・威廉姆斯的作品。

威廉姆斯的爸爸是爵士音樂家，他出生於紐約皇后區，在洛杉磯長大。很小就展現了音樂天賦，師承義大利作曲家馬里歐・卡斯特努沃－泰德斯可（Mario Castelnuovo-Tedesco）。在美國空軍短暫服役後，他在茱莉亞音樂學院（Juilliard）主修鋼琴，後來在紐約各大夜店和俱樂部演奏。他曾幫法蘭茲・威克斯曼（Franz Waxman）、伯納德・赫爾曼（Bernard Herrmann）、阿佛烈・紐曼（Alfred Newman）、亨利・曼奇尼（Henry Mancini）和傑瑞・高史密斯（Jerry Goldsmith）等作曲家彈琴、配樂和作曲，從而進入了電影業。一九六〇年，他首度登上了大銀幕。[4]

威廉姆斯已經在電影界創作了六十多年。在這段時間，他創作了一百二十一部電影配樂、一首交響曲、十來首協奏曲與無數的交響樂作品。他曾四十五次獲得奧斯卡獎提名，其中有五次獲獎（編按：截至二〇一九年，威廉姆斯已獲奧斯卡獎提名五十一次、共獲獎五次）。他還得過四次金球獎、五次艾美獎和二十一次格萊美獎，[5]至今依然創作不輟。他是怎麼辦到的？毅力。威廉姆斯說：

> 我很小就養成了每天寫點東西的習慣，無論過得好或壞。人生有高有低，但我都會寫個幾頁，才感覺一天畫下句點。當然，我在忙電影的時候，一個禮拜得工作六天；而沒在忙電影的時候，我總喜歡專心創作音樂，這樣才感覺自己有小小的貢獻，更重要的是，也許能在過程中有所學習。[6]

威廉姆斯不尋求動機，也不等待靈感來臨。他每天早上起床規律創作，不期待成品完美無缺，單純想完成這件事。

遇到瓶頸怎麼辦？威廉姆斯說這不是問題：

> 我從來沒遇過所謂的瓶頸耶。對我來說，如果我遇到瓶頸，或者我不知道接下來的方向，最好繼續創作、寫點東西就對了。這可能完全是無稽之談，但這會把我帶到思考的下一個階段。我

認為，如果身為創作者的我們能夠擺脫束縛、順其自然、不要緊張，繆思女神會帶領我們前進。

音樂的美妙之處在於感覺永遠不會枯竭。每個小念頭都會孕育另一個小念頭，時時刻刻發生變化。所以我們僅有的七個、八個或十二個音符，可以有無窮無盡的變化，永遠不會結束，所以我認為，瓶頸是我們需要逐步解決的東西。[7]

約翰．威廉姆斯的生活和工作，證明了毅力法則確實有效。凡事只看心情或方便才做正事的人都不會成功，真正的祕訣是堅持到底。威廉姆斯的作品體現了一生的自律和毅力，證明了「成功網」（SuccessNet）創辦人麥可．安吉爾（Michael Angier）所說：「**如果你有了成功所需的習慣，就會把成功變成習慣**。」

但成功的習慣並未讓威廉姆斯沖昏頭，他說：「如果我的音樂眾所周知，代表電影在我們社會中無處不在。我想時間一久，所有東西都會在大眾記憶中淡去，只會留下最偉大的藝術品。但我覺得很幸運，也很榮幸民眾能有這樣的反應。」[8]

我覺得約翰．威廉姆斯的音樂和人生十分激勵人心，希望你也這麼覺得。但永遠不要忘記：動機刺激你前進，紀律推著你成長。這就是毅力法則。

毅力法則的生活應用

一、根據你的性格類型修正激勵自己的方法。運用你喜歡的性格分析測驗來研究自己的性格類型（如果你從來沒用過，不妨找一個看看，例如MBTI人格特質測驗〔Myers-Briggs Type Indicator〕、DiSC人格測驗和性格解析〔Personality Plus〕）。一旦你對自己的性格類型有十足把握，就建立一套簡單的每日成長指南，發揮你的長處。

二、如果你還沒找到方法來看重並欣賞成長的過程，就很難有投注心力的續航力。列出你心目中個人成長的優點。如果你的清單不長，就多費心思考。凡是找得到的動機，都有助於養成更棒的成長習慣。

三、你每天追求個人成長的誘因愈多，就愈可能堅持到底。開始蒐集那些誘因。思考長期與短期利益，想想跟目標、願景和夢想有關的誘因，以及成長對人際關係、職涯和心靈的益處。只要能支持成長的誘因都好，只要是對你有用的誘因即可。

| 6 |

環境法則
第一名危機！你處在成長環境嗎？

你拒絕被最初身處的環境所囿，就踏出了成功的第一步。
——馬克·肯恩（Mark Caine）

我相信在每個人的一生中，都會有某個時刻，需要改變環境才能成長。我在鏡子法則一章中提到的瓊妮塔·麥克史旺，就是顯而易見的例子。她的生長環境惡劣，還受到可怕虐待。但我也相信，即使是在積極正向的環境中長大的人，也會有需要改變環境的時刻。如果我們想要成長，實現我們的潛力，就必須身處正確的環境，這通常需要我們在人生中做出改變。

總是拿第一？改變的時刻到了！

我在很棒的家庭環境中長大，父母充滿關愛。父親主動帶領著我們家，幫助家中三個孩子找到使命、發揮才能。母親無條件地愛著我們（相信我，我知道自己有時很難管教，因為小時候的我討厭規則，老愛挑戰底線）。我有很多朋友，接受了良好的教育。跟高中的戀人結婚後，我就展開了自己熱愛的牧師生涯。應該別無所求了吧？

但牧師生涯不到十年，我便意識到所處的環境不利自己充分發揮潛力。我快滿三十歲時，高層就屬意我來領導教派內最重要的教會了。我渴望學到更多東西，但在我的牧師生涯前半，他們就準備讓我接下這個職位，這讓我覺得自己名列前茅。不過這有什麼不好的呢？**如果你老是班上的第一名，那你絕對是分錯班了**。在最佳的學習場所中，一定得有人比你優秀。

為了避免你以為我在吹噓，我得把話說清楚，其實我是待在小池塘裡、一條體型中等的魚。我並沒有他們說的那麼優秀。我所屬教派裡頭都是好人，我也很欽佩許多領導人的品格和正直，所以這不是問題所在。我只知道，自己需要更多的成長空間。要做到這一點，必須改變環境。

我去找父親商量，他在教派裡當了一輩子的牧師，曾擔任大學校長與教會領導高層。我跟他提了這個問題，他也認為我得換到更大的池塘，才能更自在地成長。有賴他的體諒和勇氣，因為在我離開之後，他會繼續留在教派中，還會因為我的舉動而忍受許多人的批評。但他應付得不卑不亢，支持我的決定。我很肯定，假如當初沒有離開，就不會有今天的成長，也不會有今天的成就。

成功改變，取決於你的選擇

你可能看過「成長等於改變」這句話。改變不見得會成長，但成長一定會有改變。做出正確改變進而成長的一大關鍵，就是分辨我能改變的問題或難關，以及我改變不了的人生現實。舉例來說，當我還是青少年時，有次照鏡子突然發覺自己不是帥哥，這是人生的現實：我無法改變自己的長相。那該怎麼辦呢？於是我決定，要改變自己對長相的態度。我要多多微笑，這有改變我的長相嗎？沒有，不太可能。但這讓我變得和顏悅色。

你跟我一樣，必須面對人生許多現實。你改變不了出生的地點和時間、無法換掉父母、改變不了身高和基因；但你可以改變自己的態度，盡力跟這些事和平共處。

問題則另當別論。你可以針對問題採取行動，藉由成長來解決。怎麼說？說來諷刺，第一步也很類似：改變態度。只要你改變對問題的態度，就開展了許多成長的機會。

企業家、作家暨演說家尼杜・庫比恩（Nido Qubein）主張：「**人生的成功或失敗跟你的際遇關係不大，跟你的選擇關係才大**。」你需要做出什麼選擇，好讓自己身處良好的環境、進而茁壯成長？就環境來說，我認為得做出以下六種選擇，才能置身較好的成長環境當中。

一、評估目前環境

教授暨傳教士厄涅斯特・康貝爾（Ernest Campbell）說過一個故事：一名孤獨的女子從寵物店買了一隻鸚鵡回家，隔天她回到店裡對老闆說她很不滿意。「鸚鵡一句話都沒說！」她語帶哀怨。

「牠有鏡子嗎？」老闆問：「鸚鵡喜歡看鏡子裡的自己。」於是，女子就買了一面鏡子回家。

隔天她又回來了，說那隻鸚鵡仍然沒有開口。「牠有梯子嗎？」老闆問：「鸚鵡喜歡在梯子上爬上爬下。」於是，女子又買了一個梯子回家了。

第三天，她帶著同樣的抱怨回來理論。「那隻鸚鵡有鞦韆嗎？」老闆這麼回答，「鸚鵡喜歡在鞦韆上放鬆。」女子就買了鞦韆回家。

再隔天，她回到店裡說鸚鵡死了。「太難過了，」店主說。「鸚鵡在死前開口了嗎？」

「有啊，」女子回答，「牠說：『店裡沒有賣食物嗎？』」

這個傻傻的故事有什麼寓意呢？單單為了改變而改變根本沒用。如果你要做出改變，必須確保改變的方向正確。那要怎麼辦到？先評估你當下所處的環境，以及你想改變的原因。

我在考慮轉換專業環境時，花了大把時間檢視自己為什麼想要改變。對我來說，轉換環境有三大原因：

- 我太快爬到山頂了。
- 我覺得挑戰並不足夠。
- 組織內部沒有我想去的地方。

這些因素足以讓我看到一項令人不安的事實，那就是我需要改變當下的位置和正在做的事。

判斷你是否在成長、是否身處良好的成長環境，方法之一就是區別自己是在期待目前在做的事，還是在回顧已經做過的事。如果未來看起來沉悶、單調或綁手綁腳，你可能就要開始準備做出改變。

你可能像我一樣，直覺感受到當前環境是否會促進自我成長。然而，如果你發現很難評判自己的處境，就可以從另一個方向來思考。你可以問自己一些問題，設法理解扶持自己的對象和事物，再釐清是否有所收穫。不妨從以下的問題清單開始：

- **音樂**──哪些歌曲提振我的精神？
- **思想**──哪些觀念深得我心？
- **經驗**──哪些經驗令我活力十足？
- **朋友**──哪些朋友能鼓勵我？
- **娛樂**──哪些活動讓我恢復元氣？
- **靈魂**──哪些靈性練習使我堅強？
- **希望**──哪些夢想帶給我靈感？
- **家庭**──哪些家人關心著我？
- **天賦**──哪些優勢帶給我動力？
- **回憶**──哪些回憶帶給我微笑？
- **書籍**──哪些書本改變了我？

諸如此類。我相信，你一定能增加其他類別與問題，幫助自己理解成長的動力。這樣做的目的是了解自己，並評估你是否在當前的環境中獲得所需。如果答案是肯定的，就好好慶祝。如果答案是否定的，就準備做出艱難的選擇吧。

二、想增加成功機會？同時改變二要素

如果你知道自己得對環境做出重大改變，要記住一件事：你必須同時決心改變自己。原因如下：

如果你想……

改變自己而不改變環境——成長將緩慢又困難；
改變環境而不改變自己——成長將緩慢但較不困難；
改變環境也改變自己——成長就會來得又快又成功。

把兩者放在一起，你就增加了成功的機會。

我首次察覺自己需要成長——就是遇到柯特．康普邁爾之後，可參考「意向性法則」的說明——我發覺很難真正付諸行動。鮮少有人像我一樣對成長充滿熱情，我幾乎沒有榜樣可參考。在我小小的世界中，周圍多數人都滿足於努力工作、單純養家餬口。我不甘於如此，想要闖出一番名堂。在那段時間裡，我記得曾坐下來思考，成長環境會是什麼樣子。經過無數個星期，我寫下了〈我的成長環境〉（My Growth Environment）一文。自從一九七三年完成以來，引導我做出了個人成長相關的決

定。文中提到，在一個成長環境中……

永遠有人在我前面，
我無時無刻不受到挑戰。
我聚焦於前方的路，
整體氛圍是正向肯定，
我經常離開舒適圈，
我每天醒來都躍躍欲試，
失敗不是我的敵人，
其他人都在成長，
所有人渴望改變，
成長是效法而來，也在意料之內。

當直覺告訴我眼前環境不利個人成長時，我就回頭檢視以上清單，發現上頭多數敘述都不符合目前的情況。所以我下定決心改變自己，改變環境。如果你讀了以上的清單，感覺大部分並不符合當前生活，就可能需要做出同樣的改變。

一九七五年，我參加了愛荷華州滑鐵盧市（Waterloo）一場會議，從中學到許多關於改變自己的原則。在那場會議上，我第一次見到勵志演說家「驚奇」瓊斯（Charlie "Tremendous" Jones），還認識了我極為景仰的作家唐恩石（Elmer Towns，又譯艾莫爾．湯恩斯）博士。令我又驚又喜的是，在我們回芝加哥的飛機上，他邀請我坐在他旁邊跟他聊天。交談過程中，他教會我「熱撲克原理」（Hot Poker Principle）。他問我：「你知道怎麼讓撥火棒變熱嗎？放在火爐旁邊烤啊。」他接著解釋，我們就像撥火棒的金屬。如果環境很冷，我們也很冷；如果環境變熱，我們就變熱。「如果你想成長，」他說：「那就花時間跟很棒的人相處、造訪很棒的地方、參加很棒的活動、讀很棒的書、聽很棒的錄音帶。」他的這番話，讓我開始跟全美各地比我專業的領導者會面，改變了我的人生。

你想改變自己和環境時，不妨思考正確的成長環境所提供的要素：

適合成長的土壤：是什麼滋養著我？成長。
適合呼吸的空氣：是什麼讓我活著？使命。
適合生存的氛圍：是什麼支持著我？眾人。

有人說，如果你把核桃大小的南瓜放進罐子裡，南瓜就會長得跟罐子的大小和形狀一樣，永遠不會變大。一個人的思維也可能如此，千萬別讓這種事發生在你身上。

三、慎選周圍同伴

小時候，我便明白良好環境與往來同伴的重要性。我的父母在這方面充滿智慧。雖然成長過程中，父母從來沒有多餘的金錢，但他們打造了良好的家庭環境，讓我們的朋友都想來家裡玩。父親自製了混凝土板、掛起球框，籃球場於焉誕生。他們還把地下室布置成孩子的天堂，裡面有撞球桌、桌球桌和化學儀器。我們根本沒有理由出去玩，只想待在家裡，而朋友們則有充分的理由過來玩耍。母親總是陪著我們，逐漸認識所有的孩子。她盡可能影響所有的朋友，也叮嚀我們某些人的問題行為，以免我們因此惹上麻煩。我的父母明白物以類聚、人以群分的道理，而這般費心也確實奏效。小朋友都會跑來我們家玩。即使是五十多年後的今天，每當我看到兒時玩伴，他們仍然津津樂道小時候到我家來、在「地下室小餐廳」一起玩的時光。那裡儼然是個終點站。

根據哈佛大學社會心理學家大衛．麥克利蘭（David McClelland）博士的研究，你經常來往的人是「參照團體」（reference group），這些人決定了你人生中九五％的成敗。

許多人早已對相同的概念發表見解。以色列所羅門王寫道：「與智者同行，必成智者；與愚者作伴，必遭危害。」[1]「驚奇」瓊斯有句名言：「今天的你和五年後的你並無不同，差別只在兩件事：來往的人與閱讀的書。」吉姆．羅恩斷言，**我們是自己最常來往的五個人加起來的平均**。羅恩認為，我們可以藉由觀察周圍的人，判斷自己的健康、態度和收入。羅恩相信，我們會開始模仿這些人的飲食、說話方式、所讀書籍、思維模式、觀賞事物和衣著打扮。

我喜歡蘇．安姬絲（Sue Enquist）看待這件事的方式。安姬絲有女子壘球界約翰．伍登（John

Wooden，編按：美國最具傳奇色彩的大學籃球教練）的稱號。一九七五年至一九七八年，她效力於加州大學洛杉磯分校（UCLA），一九八〇年回鍋擔任助理教練，一九八九年至二〇〇六年擔任總教練。身為球員和教練，她幫助球隊贏得十一次全美大學體育協會（NCAA）壘球冠軍，並以「八八七－一七五－一」的教練生涯紀錄退休——即平均「〇・八三五」的勝率，使她成為NCAA史上排名前五的教練。

安姬絲支持三三%原則（33 Percent Rule）。她表示，你可以把校內、團隊中、職場上或任何地方的人，分成上中下各三分之一，他們都有相同的特點：底層三分之一只會榨乾你的生命，因為他們什麼都看不順眼，只會從環境中汲取能量和動力；中層三分之一在順利時積極向上，但落入逆境就會消沉，環境決定了他們的態度；上層三分之一即使在困難時仍保持正向態度，往往是領導者、影響者和改變傳統的人。這些人是我們應該效法的榜樣，也應該花時間跟他們來往。

跟比自己厲害的強者打交道，並不會總是輕鬆寫意，但必定對自己有益。有句義大利諺語是：「跟好人來往，好人就愈來愈多。」

我們應該把時間花在哪類「強者」身上呢？誠信的人、正向的人、專業上領先我們的人、拉我們起來而非打倒我們的人。人要走大路，不要走小巷。最重要的是，我們要跟正在成長的人來往，應該要像思想大師拉爾夫・沃爾多・愛默生（Ralph Waldo Emerson）和作家亨利・大衛・梭羅（Henry David Thoreau），每次見面都會問對方：「這陣子不見，學到哪些新東西啊？」

我強烈建議，你也找個有責任感的夥伴一起踏上成長之路，幫助你堅持正確的決定、避免做出錯誤的決定。優秀的夥伴應該：

無條件地愛你，
希望你能成功，
思想成熟，
問你已有共識的問題，
在你需要時拉你一把。

如果你想發揮潛力，就不能獨自踏上成長之路。任何環境中，最重要的因素都是人。你光是在生活中找對來往的對象，成功的機會就會增加十倍。所以，好好思考自己最常跟誰來往，因為他們的方向就是你的方向。

四、二個方式挑戰自己

我聽過一個故事：一位日本畫家在一塊大畫布上作畫，畫布一角有棵樹，樹梢上有幾隻鳥，其餘則是光禿禿一片。有人問他是否打算畫滿剩下的畫布時，他說：「喔不行耶，我得給鳥兒留點飛翔的空間。」

身處成長環境中，最棒的就是擁有飛翔的空間，但你必須擁有個人意向，主動尋找、創造成長機會，養成挑戰自己的習慣和紀律。

我最初挑戰自己的方式之一，就是把目標公告周知。期限與觀眾堪稱最逼人的兩件事，但這不代表我每次都能達標。不過我發覺，如果告訴別人自己打算做什麼，往往就會更加努力，而且即使有著眾人的眼光，我也不會因此感到羞愧。

我挑戰自己的另一項方式——至今依然會使用——每星期找個重要的成長機會，貫徹執行並從中學習。無論是跟朋友會面、與恩師餐敘、參與的會議，還是可能與知名領袖會面的演說活動，我的準備方式都一樣，先提出五個問題：

- **他們有什麼優點**？這是我收穫最多的問題。
- **他們在學習什麼**？這樣我才能掌握他們的熱情。
- **我現在需要什麼**？這有助於我把所學應用在個人情境。
- **他們見過什麼人？讀過什麼書？做過什麼有益自身的事**？這有助於我找到其他成長機會。
- **我有沒有漏掉重要的問題**？他們就能從自身觀點指出我需要做的改變。

身處的成長環境再好，如果你不能充分利用，也不會產生太大幫助。這就像獲得資金的創業家，明明要藉此尋找新的機會，卻從未利用那筆錢。你必須抓住現有的成長機會，好好挑戰自己，才能充分利用機會。

五、專注當下，從今天開始！

我們的人生中所做的改變只在當下，現在的行為主導了我們未來的樣子與位置。我們生活和工作也都在當下。正如小哈維．費爾斯通（Harvey Firestone Jr.）所說：「**今天是未來發生之事的起點**。」如果你要改變自己和環境，就不要擔心你的過去。

我曾讀到，前影星暨外交官秀蘭．鄧波爾．布萊克（Shirley Temple Black）從婆婆身上學到活在當下的力量。她先生查爾斯（Charles Alden Black）小時候曾經問他母親：「妳人生中最快樂的時刻是什麼時候呢？」

「此時此刻啊。」她回答。

「那妳人生中其他的快樂時光呢？像是妳結婚的時候快樂嗎？」他問道。

她笑著說：「結婚當下就是最快樂的時刻啊。而現在最快樂的時刻就是當下。你只能活在當下，所以對我來說，現在永遠是最快樂的時刻。」

德蕾莎修女說：「昨天已經過去，明天還沒到來。我們只有今天，我們就開始吧。」如果你需要改變自己和周遭環境，不要沉溺於過去。你無法改變過去；也不要擔心未來，你無法控制未來。專注在當下，專注你現在能做的事。

六、不顧批評，主導你的人生

作家華勒思・華特斯（Wallace D. Wattles）在他的經典著作《失落的致富經典》（*The Science of Getting Rich*）中寫道：「不要等到環境變化才行動，要藉由行動來促使環境改變，你可以對當前的環境採取行動，好讓自己置身更好的環境。」[2]

成長必定源自行動，而行動幾乎會伴隨批評。但前進就對了。想要發揮潛力，不僅要做別人認為你做不到的事，還要做你自己認為做不到的事。大多數人都低估了自己，只瞄準自己知道能達到的目標，事實上應該把目標放得更遠。如果你不努力打造理想中的未來，就必須忍受現有的未來。

當你採取行動改變自己和環境時，必定會因此受到批評。詩人愛默生說過：「**無論你決定走哪條路，都會有人告訴你選錯路了**。你必定會遭遇到某些困難，讓你不禁想相信這些人的批評。擬定行動計畫並堅持到底所需要的勇氣，有些類似上戰場前的士兵。和平終究會取得勝利，但有賴勇士來打勝仗。」

當我發覺自己需要改變工作環境時，該組織其實已經給我內部最棒的職位。對他們而言，這是非常大方的舉動，但我十分篤定自己必須有所轉變、走往不同方向，所以拒絕了他們的好意。遺憾的是，他們覺得踢到鐵板，便批評我的決定。那也沒關係，演說家萊斯・布朗（Les Brown）說過：「別人對你的看法不見得會成真。」他們的話很傷人，但沒有讓我質疑自己的決定。

亞伯特・傑佛瑞（Albert F. Geoffrey）主張：「只要你主導自己的人生，就不必徵詢他人或社會的同意。你在徵詢他人的同意時，就給予對方權力否定你的人生。」在做出重大改變前，可能的話，不妨多聽明智的建議，但要自己做出決定。你終究要對人生的大小選擇負責。

領導者最棒的投資——打造成長環境

隨著我在事業上成長、開始領導更大的組織，我的成長挑戰也發生了變化。我對成長的渴望一直存在，從他人身上學習的需求也從未改變。然而，身為組織領導者，我逐漸發覺自己有責任打造正向的成長環境。我利用一九七三年替自己建立的清單來幫助別人。我致力於營造的環境裡……

永遠有人在我前面，
我無時無刻不受到挑戰。
我聚焦於前方的路，
整體氛圍是正向肯定，
我經常離開舒適圈，
我每天醒來都躍躍欲試，
失敗不是我的敵人，
其他人都在成長，
所有人渴望改變，

成長是效法而來，也在意料之內。

身為領導者，我有責任採取主動，打造這樣的環境。這個過程很辛苦，但辛苦終究值得。許多人因而綻放潛能、成長，隨後也成為領導者。

領導者替成員分配組織中不同角色時，不能只衡量成員過去的績效，還必須考量假如環境得以讓人蓬勃發展，他們會有什麼表現。同理可證，領導者也要幫助成員了解離開成長環境後，可能失去的優勢。每當有成員離開組織，我都會在離職面談把這點說清楚。我會說：「你現在要離開的環境，向來把成長放在第一位，同事常常受到鼓勵，可望不斷成長發展。如果你未來的環境不是如此，就無法指望得到相同的成果，一定要加倍努力才能繼續成長喔。」

有些人表示理解並接受當前的挑戰，也有些人一廂情願歆羨其他工作，不明白良好環境的重要，後來遭遇前所未有的難題。

永遠要牢記環境法則：良好的環境才會刺激成長。如果你身處正向的成長環境中，記得要心存感激，感謝那些打造環境的人，努力發揮潛力報答他們。如果你身處的環境不佳，就採取必要行動來改變環境和自己。如果你是領導者，盡你所能讓自己成長，再打造適合他人成長的環境。這會是身為領導者最棒的投資。

環境法則的生活應用

一、評估你目前的成長環境，試著回答以下十個是非題：

- 永遠有人在我前面。
- 我無時無刻不受到挑戰。
- 我聚焦於前方的路。
- 整體氛圍是正向肯定。
- 我經常離開舒適圈。
- 我每天醒來都躍躍欲試。
- 失敗不是我的敵人。
- 其他人都在成長。
- 所有人渴望改變。
- 成長是效法而來，也在意料之內。

如果你五個問題以上都答否，就代表目前的環境可能會阻礙你的成長。你需要決定是否轉換或改善環境，以發揮真正的潛力。

二、評估本章所提出三大領域的個人成長需求：

適合成長的土壤：是什麼滋養著我？成長。

運用以下清單或自創清單來評估成長來源：

- ◆音樂——哪些歌曲提振我的精神？
- ◆思想——哪些觀念深得我心？
- ◆經驗——哪些經驗令我活力十足？
- ◆朋友——哪些朋友能鼓勵我？
- ◆娛樂——哪些活動讓我恢復元氣？
- ◆靈魂——哪些靈性練習使我堅強？
- ◆希望——哪些夢想帶給我靈感？
- ◆家庭——哪些家人關心著我？
- ◆天賦——哪些優勢帶給我動力？
- ◆回憶——哪些回憶帶給我微笑？
- ◆書籍——哪些書本改變了我？

適合呼吸的空氣：是什麼讓我活著？使命。

複習自己在「自我覺察法則」和「毅力法則」章末的「生活應用」答案，藉此擬定人生目標箴言，箴言不可能完美或永久不變，也許會像你一樣繼續成長和改變，但會給你更強烈的方向感。

適合生存的氛圍：是什麼支持著我？眾人。

列出你目前人生中最有影響力的人：朋友、家人、同事、雇主、恩師等。務必列入你常常相處的人。接著瀏覽一下名單，確定上頭的人是比你厲害的「強者」：可能更有能力與才華、專業遙遙領先、性格更加堅定，或其他方面更為突出。如果大多數人都無法讓你發揮潛能，就得找更多人來幫助你改變和成長。

三、如果你在當前環境缺乏持續的挑戰，人生就不會出現大幅成長。訂立超出自我能力的具體目標，再來就是檢視下個月的行程，尋找每週最佳的潛在成長機會，用類似本章的問題問問自己，藉此擬定計畫。

| 7 |

計畫法則
人生不能總是放棄，你得擬定策略

如果你沒有自己的人生規畫，就可能落入別人的規畫中。
你猜別人對你會有什麼安排？乏善可陳。——吉姆·羅恩

一年中你最喜歡什麼時候？是聖誕節嗎？過生日時？春天花朵盛開的時候？還是暑假？孩子開學？或者足球賽季開始？抑或是樹葉變色的時候？到底是什麼時候呢？我可以告訴你，我最喜歡聖誕節過後的那一週。

計畫的法則，先擬定策略

聖誕節下午，孫兒們開完所有禮物、喧鬧平息之後，我會抑制不了內心的衝動，因為我知道現在能做每年最愛的事。別人都在看電視或打盹，我卻偷偷溜到書房，書桌上等著我的是去年的行事曆和黃色的記事本。從那天下午開始一直到跨年日，我會花時間審視自己的行事曆，回顧過去三百五十九天內每小時的會面、會議、任務和活動，逐一加以評估。

仔細地查看演講活動，思考自己應該多點什麼、少些什麼以及完全刪去什麼內容。

我觀察自己追求的成長機會，判斷哪些投報率高、哪些投報率低。以及翻看所有出席的會議和赴過的邀約，再決定哪些應該更加投入，哪些則應該減少參與。

我思考自己花了多少時間從事理應交辦給別人的事（我也會看一下交辦的內容，再仔細想想是否應該自己來，還是委託其他人處理）。

評估自己是否有足夠的時間陪伴家人，還把那一年瑪格麗特一同做的事列了一張清單。有天我帶她出去吃晚飯，這樣我們就可以重溫那些美好的回憶。那是個浪漫的夜晚，最後畫下美好的句點！

我努力回想去年每小時做的事。這些事具有什麼價值？這有助於我為來年制定策略。因為每年都有這個習慣（數十年如一日），所以我一年比一年更能專注、更有策略而且更有效率。即使那年過得很辛苦，或未如心中來得有收穫，也絕對有益無害，畢竟我可以從中學習，在未來一年內加以改善。懂得擬定策略不可或缺，為了實現最大幅度的成長，你必須擬定策略。這就是計畫的法則。

無法逃避的課題——計畫人生

大多數人的人生都沒有計畫，只會隨波逐流、消極等待、被動回應。等到人生過去大半時，他們才意識到自己早該積極主動、擬定策略。我希望你的人生並非如此。果真如此，我想鼓勵你們去察覺這件事的急迫性，培養凡事先計畫的心態。我想分享一些自己在這個過程中學到的課題，供你擬定人生和成長計畫與策略時參考。

一、人生很簡單，維持簡單卻很難

無論別人怎麼說，我相信人生十分簡單，重點在了解你的價值觀，根據這些價值觀做出關鍵的決定，然後每天梳理這些決定。這件事本身直截了當。至少理論上，我們活得愈久、學得愈多，獲得的經驗和知識也愈多，應該會讓人生益發簡單。然而，人生老是有辦法變得複雜，唯有透過極大的努力，我們才能保持簡單。

幾年前，我參加了一場會議，主題是「領導者的全球策略」。開會時，我們分成幾個小組進行策略思考。我有幸能跟尼爾．科爾（Neil Cole，編按：美國品牌管理公司艾康尼斯集團〔Iconix Brand Group Inc.〕創始人，已於二〇一五年辭任）同一組。雖然以前我不認識他，但在討論過程中，他總能計畫既簡單又有效的策略，很快便令我欽佩不已。

中場休息時，我向尼爾請教如何規畫策略來培養全球的領導者。他回答：「祕密就在於化繁為簡。」接著，他跟我分享了以下三個問題，說是這項策略奏效的關鍵：

- **個人可以受惠嗎**？深刻的含義——必須加以內化、改造領導者的靈魂。
- **他人可以複製嗎**？單純的應用——必須短暫交流後就能傳遞。
- **策略可以轉移嗎**？普遍的交流——必須傳遞到全球所有文化。

我和尼爾的交流在我內心留下深刻的印象。後來，我在EQUIP就運用了這些問題，因為我們發展出「百萬領導者指導方針」（Million Leader Mandate）這項策略，要在全世界培訓一百萬名領導者。從那次談話中，我也下定決心，要盡量用簡單的方式計畫人生，發掘和開發系統化的方法來打造成功。這些方法有助於我駕馭每天複雜的事物，我相信你也能從中獲益。只要記住，你為成長擬定策略時，要確定為個人量身訂做、可以複製也可以轉移。策略構思得再精美，如果無法使用也是枉然。

二、計畫人生優於計畫職涯

奧斯卡影后瑞絲．薇斯朋說：「很多人成天擔心如何經營事業，卻很少耗費精力來經營自己的人生。我不僅想把工作做好，還想讓我的人生活得精彩，其餘就順其自然嘍。」

我認為薇斯朋的建議部分正確：如果你好好規畫人生，事業就會自然而然發展起來。問題是，大多數人也沒花太多時間規畫職涯，而是花大量時間規畫聖誕節或假期。為什麼？因為一般人只有認為投報率大時，才願意投注心力。如果你不相信自己未來的人生可以成功，就不太可能在人生規畫上給予應有的關注。

規畫人生就是發現自己、認識自己，然後為個人成長量身打造一項計畫。一旦你畫出自己的人生藍圖，就能應用到個人的事業。

三、如果人生能重來，成功主管們的答案是？

你可能已經猜到了，我是查爾斯．舒茲筆下漫畫《花生》的忠實讀者。舒茲在一篇連環漫畫中，精準掌握許多人的感受。漫畫中，查理．布朗對萊納斯（Linus）說：「人生對我來說難以招架耶。從我出生的那天起，我就一直一頭霧水。我認為，所有的問題都在於我們急著過活，還沒有真正做好準備。」

萊納斯回答說：「那你想要什麼……能夠先熱身嗎？」

人生沒有熱身，也沒有彩排，但許多人似乎是這樣看待人生。我們每個人上台前都沒有熱身、沒有任何準備，必須隨機應變。這可能會手忙腳亂，我們失敗、犯錯，但仍然需要從一開始就全力以赴。

後悔自己不夠積極主動，往往回顧人生時常出現的想法。凱文．霍爾在《改變的力量》一書中，提到他跟一群童子軍的旅行，以及他如何激勵這些童子軍設定大膽的目標。他對他們說，知名行為科學家傑諾德．貝爾（Gerald Bell）曾對已退休的成功主管進行一項研究。霍爾寫道：

> 我告訴這群童子軍，貝爾博士問了那些七十多歲的主管，假如他們的人生能重來，會有什麼不同的作為。
>
> 主管們最常說的答案（比例遠遠超過其他答案）：我應該更早主導自己的人生、設定自己的

目標。人生不能練習，人生就是現實。

我把其餘的答案依序跟童子軍分享：

2. 我會更照顧自己的健康。
3. 我會更聰明理財。
4. 我會花更多時間陪家人。
5. 我會花更多時間專注於個人成長。
6. 我會更懂得享受人生。
7. 我會更認真規畫自己的生涯。
8. 我會更加回饋社會。[1]

我們的人生不會有彩排，而是得在當下盡己所能。但我們可以向前輩們學習，例如貝爾調查的那些高階主管。他們理應能激勵我們盡量做好計畫，然後全力以赴。喜劇演員佛瑞德・艾倫（Fred Allen）曾說：「**人生只有一次，但如果活得精彩，一次就足夠。**」

四、減少放棄？目標要乘二

我對人生大都抱持樂觀的態度，因此，我對自己和他人的期望往往相當不切實際。久而久之我才明白，凡是人生中重要的事，通常會比預期花更多的時間和成本，就個人成長來說尤其如此。我該怎麼加以彌補呢？把目標乘二。如果我認為某件事要花一小時來做，我就計畫兩小時以免意外發生。如果我認為某專案需要一星期完成，我就會騰出兩星期。如果我認為一項目標需要一千美元的資金，我就會撥出兩千美元。這並不是神奇的倍數，只是單純對我很有效。我發現，只要凡事乘以二，保持樂觀之餘還能兼顧務實。

我知道自己容易沒有耐心，但我認為，所有人天生都渴望凡事能快速又輕鬆到手，個人成長也是如此。真正的祕訣不是貪心或貪快，而是把更多的時間和精神，投注於當前所擁有的東西與能做的事務上。付出三倍的力氣來自我成長，讓自己慢慢茁壯、向下扎根。別忘了，瓜藤或番茄在幾週內就能生長，幾天或幾週結出果實，並在初霜時死亡。相較之下，一棵樹長得很慢，動輒幾年、幾十年甚至幾百年，數十年都能結出果實，如果長保健康，就能耐受霜凍、暴雨和乾旱。

你在擬定成長策略時，付出自己所需的時間和資源，再把你認為合理的數量乘以二。這樣一來，就可以幫助你避免過早氣餒和放棄。

實現策略目標，你得先有「系統」

如果凡事有策略地進行，人生大多數成就會來得容易些，亂無章法鮮少能取得成功，即使有幾次不是靠策略的方式獲得成果，未來也無法如法炮製。那如何在一致的基礎上，實現策略中的目標呢？

就要建立並運用系統化方法。我在達成個人成長和高生產力的一大祕訣，就是凡事善用系統。

我有個系統專門用於個人成長和蒐集資訊。每個月努力讀四本書，其中兩本是我能很快讀完的書，另外兩本則是我想深入研究的書。我也會在車內聽CD。以前每週以牧師身分講道時，常常一週聽上五張CD，每張CD有五分鐘的機會，如果我覺得難聽，就不會再聽，如果我覺得好聽，就會把整張聽一遍。如果真的是神作，我就只會聽五分鐘後，把CD放在一邊待助理抄寫，這樣就可以好好咀嚼每個字。

而有個系統專門蒐集和歸檔讀過的所有好故事、佳句和文章。如果發現喜歡的文章，就會從雜誌或期刊上撕下來，把歸檔主題寫在最上面，然後交給助理放進檔案夾。讀書時，只要發現喜歡的引文或故事，我就會在書頁上做標記，寫下歸檔的主題，再把頁碼寫在書封內側。讀完書後，再把書交給助理，請她把這些佳句加以影印或繕打，最後放到我的佳句檔案夾。

這項方式改變了我的人生。我認識會花時間致力於成長的人，都不會刻意記下偶然的念頭或想法，而是花費數小時或數天尋找讀過的故事、一句記不太得的佳句。「最近不是讀過這類東西嗎？」他們苦苦納悶。「是哪本書咧？」最後或許找得到，也可能找不到。你知道我多久就能找到讀過又想回味的東西嗎？兩分鐘內。通常我只要走到辦公桌旁，就能在一分鐘內找到。如果記不起當初歸檔的主題，不得不檢查兩、三個主題，也頂多花上五分鐘。

我有個系統專門用於思考。我在iPhone的應用程式Notes中，儲存了十來個佳句或點子，方便隨身攜帶。一天下來，我不時會參考這些內容，讓它們真正進到腦袋和內心。每天游泳時，我會選擇

一、兩個點子（有時是幾則禱言）在腦中細細思索。我還有自己的思考椅，假如在半夜醒來（這很常發生），我就會拿著記事本溜進辦公室，進行思考和寫作。

還有個系統專門用於寫作。每當我要出差兩、三個星期前，就會花一天以上的時間準備需要寫作的東西。如果我在寫書，就會把草稿放在筆記本裡。若這本書的大綱有十五章（例如本書），我就把十五個編好號碼的標籤放在活頁資料夾內。在我已對某章寫下一些想法後，就會把紙張打三個洞，放到相應標籤後面。同時我會翻翻佳句和文章的檔案，影印該章可能用得到的素材，然後一樣打三個洞，放到相應標籤後面。如果我針對該主題寫了教案，我也會影印下來、打三個洞，再放到標籤後。等到一切就緒，我已經幫每章內容精心挑選了許多素材，全都收藏在活頁夾內，只要再加上記事本、膠帶和一支筆，我就能在飛機上、飯店房間或親戚家盡情寫作。

我有個系統專門規畫每天工作。我會看接下來六週的行事曆，知道往後的待辦事項，藉此計畫我的工作。每天早上，我都會檢視當天的行程，然後問自己：「今天最重要的事是什麼？」我要確定自己知道當天必須排除萬難完成的事。

甚至有個系統是我專門用於排隊等日常活動。例如，如果我和朋友看球賽，想去小吃攤買東西吃，若總共有三排攤販，我就會站在其中一排，叫朋友去站另外兩排，看誰先排到櫃台前，全部人就到那排點餐，這樣就可以節省時間。

策略和系統已經成為我的生活方式。《創業這條路》（*The E-Myth*）的作者麥克・葛伯（Michael Gerber）說：「**系統能讓普通人按照內心預期，獲得了不起的成果**。然而如果沒有系統，即使是了不起的人，也會連普通的成果都難以按照預期獲得。」我完全同意。

什麼是系統？系統是能按預期實現目標的過程，建立在明確、有條理又可重複的原則和實務基礎上。系統會充分利用你的時間、金錢和能力，這些都是個人成長的最佳工具。系統是個人刻意為之、符合個人意向又兼顧務實需求。無論你的職業、能力或經驗如何，系統都很有用，可以改善辦事效能。缺乏任何系統的人生，代表個人得從頭面對所有任務與挑戰。

有效的系統如何建立？

如果你希望每次努力得到的收穫又多又有效率，從而充分受益於個人成長，就需要開發適合自己的系統。這是屬於個人的事，因為系統需要量身打造。然而，你認真地建立系統時，務必記住以下準則。

一、考量長遠的目標

史蒂芬．柯維說：「我們可能很忙碌，也可能很有效率，但只有當我們把目標放在心裡，我們才會真正有效率。」我開始為個人成長打造系統時，這些系統的目標明確。我知道自己的人生每週都在演講，也知道自己將領導民眾與組織。快三十歲時，我意識到自己想寫書。我的各項努力必須支持並提升我在這些領域的能力。

優秀的人無論職業為何，都會建立系統來幫助自己實現更大的目標。一九七四年十月三十日有一絕佳例子，穆罕默德・阿里（Muhammad Ali）準備跟喬治・福爾曼（George Foreman）進行「叢林之戰」。的確，阿里是了不起的選手——他自稱無人能敵。但從體格來看，他並不是福爾曼的對手，福爾曼的拳擊強而有力。幾乎沒有人認為阿里有機會獲勝。

喬・佛雷澤（Joe Frazier）和肯・諾頓（Ken Norton）都曾擊敗阿里，而喬治・福爾曼都在第二回合中擊倒了這兩名強敵。但阿里看出福爾曼的弱點——他缺乏耐力——於是阿里想出一項戰術，讓他能戰勝比自己強的對手。阿里稱之為「倚繩陷阱」（Rope-a-Dope）。阿里會倚靠在邊繩上防守，而福爾曼則拚命攻擊、設法擊倒阿里。福爾曼連續打了七局，打了好幾百拳，阿里任由暴雨般的拳頭落在自己身上。到了第八回合，阿里發現福爾曼已經筋疲力盡了，便趁機以組合技擊敗福爾曼，重新獲得了世界重量級拳王的稱號。

光是忙碌是不夠的。如果你忙著計畫、忙著讀書、忙著參加會議，卻沒有把目標放在對成功至關重要的領域，就等於沒有在幫助自己。俗話說，**不快樂就是不知道自己要什麼、無法拚了命追求目標**。

你的長遠目標是什麼？必須在哪些領域成長才能達到目標？知名作家暨教授C・S・路易斯（C. S. Lewis）說：「**每個人都有自己的課題**。」你的課題有哪些？你當前能建立哪些系統提升自己呢？我戒掉僅僅為了消遣而讀書的習慣，改為只讀有助於提升個人優勢的書。我還上了兩堂速讀課來幫自己加分。那你必須做些什麼呢？

二、區分輕重緩急

如果系統沒有考量到優先要務，對你的幫助就很有限。博恩．崔西說：「你能牢記並複誦的最佳問題大概就是：『怎麼樣才能充分利用我的時間？』」你的答案要能形塑自己建立的所有系統。也應該問問自己：「我最寶貴的時間是什麼時候？」因為你絕對不想浪費掉這段時間。對我來說，最寶貴的時間是早晨。當我察覺到這點時，便不再安排任何早餐會議，至今已經過了三十年。想像一下，如果我在工作效率最高時，安排了任何時間都能進行的會面，就會浪費掉大量的黃金時段。

對我來說，做出這個決定十分容易，其他決定則困難許多。我個人非常機會導向，往往什麼事都想做。假如某件事值得做，那做愈多次愈好。我很愛答應別人的邀約，開口拒絕簡直難如登天，導致我的力氣太過分散。為了解決這個問題，我不得不開發一個系統，不再回應占用個人時間的請求，各項邀約都會先交給一群人討論，決定我是否接受演說邀約等。我們戲稱他們是「斧頭委員會」。為什麼？因為他們砍掉了九成以上的邀約。這是我唯一能逼自己專注於要務的系統。

你需要什麼樣的系統來幫助自己專注於要務呢？你需要把責任和權力交給哪些人，好讓他們幫助你呢？

三、是否列入衡量的能力？

奇異（General Electric）前執行長傑克．威爾許斷言：「策略首重了解自己在現今世界的定位，不是懊悔當下沒在哪裡，也不是妄想未來在哪裡，而是認清自己的定位。再來就是了解五年後的目標，最後是評估達到目標的實際機率。」這三種行為——認清定位、找到目標與評估實現的機率——有什麼共通點？衡量的能力。任何進步都需要衡量的能力，因此，你的各項系統必須有衡量成果的方法。

我第一次從聖地亞哥搬到亞特蘭大時，對該地水泄不通的交通深感驚訝。道路建設似乎落後於人口成長十年。我對於道路的亂象無能為力，但決心提高自己的移動能力。我的解決方案是什麼？在頭六個月裡，我研究了自己常去地點的替代路線，同時記錄每條路線的里程和時間。我發現，前往亞特蘭大機場共有五條不同路線，可以根據每天的時段和交通選擇路線。叫我當一名豪華禮車司機也沒問題！

前工程師、IBM主管暨效能提升先驅詹姆斯．哈林頓（H. James Harrington）認為：「想要握有主控權而後進步，第一步就是要懂得如何衡量。如果你不懂得衡量，就無法理解。如果你無法理解，就無法加以掌控。如果你無法掌控，就無法進步。」

想想看：如果企業家無法衡量自己的利潤，會導致什麼後果？如果業務不曉得多少潛在客戶可以轉換成業績，或行銷人員不知道有多少人對廣告產生興趣，那又是什麼後果？如果選手們從來不知道比賽的分數，又會有什麼結果？衡量是進步的關鍵。實際上，衡量本身甚至可以促成進步。一九三〇年代，研究人員在芝加哥郊外的霍桑工廠（Hawthorne Works Plant）進行生產力的實驗。結果發現，**員工得知工作表現受到衡量時，生產力便提升了**。研究人員稱之為霍桑效應（Hawthorne Effect，編按：當被觀察者知道自己成為被觀察對象而改變行為傾向的反應）。

衡量可以促成改變，讓你能夠設定目標、評估進度、判斷結果和診斷問題。如果你想要刺激成長進程並評估結果，就把衡量這項步驟融入所有系統中。

四、配合實際行動

如果你有世界上最漂亮的藍圖，可以打造最壯觀的房子，但缺乏實際動工的計畫，這些藍圖有什麼價值呢？價值少得可憐。因此，雀巢普瑞納（Nestlé Purina）創辦人威廉．丹福斯（William Danforth）才說：「除非計畫能讓你展開行動，否則就不值得印在紙上。」

幾十年來，我一直是俄亥俄州立大學橄欖球隊的球迷。吉姆．崔瑟爾擔任球隊總教練的那幾年，我有幸在該隊與密西根大學的年度比賽前，對球員精神喊話後，在場邊觀看比賽。這個體驗太美好了。某次，我看到一個牌子，上面寫著簡單的問題供所有球員和教練思考：「你現在要採取什麼行動？」

這是很棒的問題，每當我們走到各自的「競技場」，都要懂得捫心自問：「我們現在要採取什麼行動？」光懂得計畫是不夠的，儘管計畫是重要的步驟，仍必須配合實際的行動。計畫本身建立的是軌道，行動則提供前進的拉力。所以，每當你有了目標，但認為無力達成，該調整的不是目標本身，而是行動的步驟。

只要建立的系統包含行動步驟，幾乎可以肯定會比缺乏行動步驟更能成功。如果養成了採取行動的習慣，那麼即使較為缺乏才能、擁有較少資源，也能取得更多成就。因此，每次學習新東西時，我都習慣問自己以下三個問題：

- 哪裡可以用得到？
- 何時可以用得到？
- 哪些人需要知道？

這已經成為我人生的紀律：只要學習新東西，就會傾向行動。

五、是否具有條理、組織？

我有次在一家雜亂的鄉下雜貨店裡，看到一個牌子寫著：「什麼都有賣，你得先找到。」這句話實在沒有多大幫助，對吧？我在本章開頭提過，自己有蒐集佳句的系統。我為什麼要建立這個系統？因為對多數人來說，**最浪費時間的事，莫過於尋找弄丟的東西**。

我的性格急躁加上工作繁重，促使我開始建立不同的系統。起初，這是我唯一能確定把事情做好的方法。儘管隨著事業的發展，我得以聘請一名助理，又雇用一些員工，我仍是繼續使用這些系統，確保自己與員工和同事之間的互動井然有序。例如，我和助理琳達・艾格斯（Linda Eggers）每天至少會聯絡一次，一年三百六十五天皆如此，無論我是在佛羅里達的家中，或是前往中國出差的路上，這項習慣都不曾間斷。

我也有安排行事曆的方法——確切來說，我會請琳達安排行程，其中又以家庭活動優先。為什麼？因為我把家人擺在第一位，其他行程都得加以配合。

對大多數人而言，時間常常不知不覺就溜走，但人生卻是時間點滴累積而成。我們所做的每件事都需要時間，許多人卻不把時間當回事。如何運用時間比如何花錢更加重要。花冤枉錢可以彌補回來，但時間一旦過去，就永遠消失了。

凡事有條理、系統化將賦予你一種權力感。你會知道自己的目標和要務，據此安排每天、每週或每年的行程，因而產生清晰的想法，鞏固自己做的一切。你也會培養出效率，藉此按部就班完成每件事，絕對是不可多得的優點。務必要讓你建立的系統提升自己的組織能力。

六、提升堅持到底的紀律

記者西德尼・哈里斯（Sydney J. Harris）評論：「理想主義者認為短期並不重要；犬儒主義者認

為長期並不重要；現實主義者認為，短期完成或未完成的事決定了長期的走向。」換句話說，如果你想要未來獲得成功，就必須學會日復一日、週復一週、年復一年地保持毅力。

除非你改變每天做的事，否則你永遠改變不了你的人生。**成功的祕訣就在你的日常生活中**。因此，你建立的任何系統都得提升毅力，你必須有始有終地遵守。

那要如何培養毅力？除了要有系統，還要有堅持到底的紀律。二〇〇〇年，在NBA火爆籃球教練比爾．穆塞曼（Bill Musselman）的葬禮上，我剛好聽到一位長者跟比爾兒子艾瑞克（Eric）所說的故事。這位長者說，他有次前往俄亥俄州奧維爾（Orville），開在一條兩線道的公路上，看到路邊有名年約十一歲的男孩用右手運球。長者說，他靠邊停下了車，詢問男孩：「你要去哪裡？」

男孩一邊運球一邊回答說：「奧維爾。」

「你知道奧維爾離這裡有十英里嗎？」他問。

「知道。」

「你要到那裡做什麼？」

「換左手運球回家。」

長者看著艾瑞克，「那個男孩正是你的父親。」這就是我所謂的建立系統、並有紀律堅持到底！

穆塞曼努力成為籃球員的故事戲劇力十足，但大多數關於毅力的故事並非那麼熱血沸騰。我時不時會收到一些人的邀約，說想跟在我身旁過一整天。我想，當他們看到我每天有多無聊時，想必會非常失望。我一大早就起床，在辦公桌前一坐就是好幾個小時。下午是我的運動時間，以及處理跟人有關的職責。我通常十點就上床睡覺。這樣的生活毫不刺激，但呈現了個人的毅力，而且是對我很有用的系統。

一位高爾夫球好手的人生策略

我喜歡打高爾夫球已經四十多年了。幾年前，我偶然看到《高爾夫紅寶書》（*Harvey Penick's Little Red Book*），書中分享了一位首席職業高爾夫球老將的訣竅與軼聞，他的經驗豐富，八十多年來身兼選手與教師二職。

作者哈維．潘尼克（Harvey Penick）從小就愛上高爾夫球，八歲時開始當桿弟，後來在德州奧斯汀鄉村俱樂部（Austin Country Club）慢慢往上爬。他就讀高中時，俱樂部裡有位很有影響力的成員，主動要幫他跟西點軍校安排面談。「不用了，謝謝您。」哈維這麼回答，「我這輩子只想成為職業高爾夫球選手。」[2]不到二十歲，他就已經是俱樂部的首席職業球員了。

哈維最大的嗜好是教高爾夫球。在他擔任俱樂部首席球員五十多年的生涯中，指導過數千名高爾夫球選手。同時，在德州大學擔任三十多年的高爾夫球隊教練。他教過的職業選手包括湯姆．凱特（Tom Kite）、班．克倫蕭（Ben Crenshaw）、米奇．萊特（Mickey Wright）、貝奇．羅爾斯（Betsy Rawls）和凱西．惠特沃茲（Kathy Whitworth）。

哈維想盡力精進自己的高爾夫球教學能力，因此按部就班地達成目標。他把每位學生都當作獨立的個體，無論是高爾夫球新手，還是想要提高分數的選手，或是調整自己球技的巡迴賽職業選手皆然。他從不讓任何球員觀摩他幫別人上課。他擔心，從旁觀摩可能只想把所學應用到比賽中，卻不曉得某些意見有時並不適用。每次哈維招募德州大學球隊新球員時，都會詢問學生所在俱樂部的教學方法。身為教練，他的策略是不斷求進步。哈維的兒子汀斯利（Tinsley）靠一己之力成為職業高爾夫球選手，他說：「我老爸常說，他不再學習的日子，就是他不再教學的那天。他肯定到過世那天才停止學習，因為他從來沒停止教學。」[3]

哈維．潘尼克聞名世界的策略，就是他習慣把觀察和實務記錄在紅色的小筆記本上。早在二十多歲時就開始，因為他想要記錄有效的方法，以便進行教學。他的習慣維持了六十多年，筆記本就鎖在公事包裡，只讓兒子汀斯利讀。哈維原本希望退休後把他口中的「紅寶書」傳給兒子。[4]但他最後決定，要跟世人分享自己一生的智慧。便與體育作家巴德．施拉克（Bud Shrake）合作出版了這本書，立即成為暢銷書，還成為史上最暢銷的體育類書籍。哈維說：

> 我的紅寶書之所以特別，並不是因為書中所寫的從來沒有人說過，而是其中對高爾夫球的觀點經得起時間的考驗⋯⋯無論是剛入門、中等水準、高爾夫球專家還是孩子，書中一切都經過成功驗證。[5]

你在擬定策略以利最大化成長時，也應該尋找經過時間考驗的原則。正如哈維，不要只套用別人的實務經驗，應該要為自己量身打造，利用這些原則來建立優勢與實現目標。記住，吉姆．羅恩說過：「**如果你針對目標去努力，目標就會為你而實現。如果你針對計畫去努力，計畫也會為你而奏效。我們所做的任何善事，最終都在造就自己。**」這就是計畫法則的力量。

計畫法則的生活應用

一、花點時間評估，人生中哪些領域占了策略規畫最大比例。下方列出的領域可提供你思考，視情況增加其他領域：

- 生涯
- 信仰
- 家庭
- 健康
- 愛好
- 婚姻
- 個人成長
- 假期

你在規畫策略、建立系統方面，有運用任何策略嗎？如果沒有，為什麼沒有呢？如果有，你把重點放在哪裡？過去行為符合你口中的優先要務嗎？你希望自己的要務有哪些？

二、開始為自己建立（或修正）系統，藉此最大化你的時間，進而提高辦事效率。然後腦力激盪一下，列出想要改進的地方、遇到的問題，或察覺的機會。試著建立系統來幫助自己因應這些方面。你在計畫時，須確保考慮到以下因素：

- **目標**——這個系統會幫助你實現長遠目標嗎？
- **要務**——這個系統是否符合你的價值觀和承諾？
- **衡量**——這個系統是否提供務實的方法判斷你是否成功？
- **實踐**——這個系統是否內建對行動的偏好？
- **組織**——這個系統是否更加善用你的時間？
- **毅力**——你有能力與意願定期重複該系統嗎？

如果系統無法充分發揮作用，你得修正或拋棄你建立的系統。然而，在評估系統的有效與否前，你至少要花三週（養成良好習慣的正常時間）來試用看看。

三、許多人努力為生活和成長擬定策略，卻把策略設計得過於複雜。你建立的任何系統都應該簡單明瞭。想要測試自己開發的系統，可以按照以下步驟：說明給朋友聽，看看是否通過以下兩個檢驗：第一是你能否清楚說明，如果不行就是系統太複雜了；第二則是看朋友是否有更好或更簡便的方法來達成目標。

| 8 |

痛苦法則
人生最大幅度成長——負面經驗

每個問題都讓人更認識自己。
——約翰．麥克唐奈（John McDonnell，政治人物）

你對負面經驗通常有何反應？你會勃然大怒嗎？你在情感上退縮了嗎？你是否盡量把自己從這段經驗抽離出來呢？你會忽略負面經驗嗎？

約翰．麥克唐奈說過：「每個問題都讓人更認識自己。」真是了不起的見解啊！每當我們遇到痛苦的經驗，就會更加了解自己。痛苦可能讓我們裹足不前、讓我們做出拖延的決定、處理我們不願面對的問題、做出讓我們難受的改變。痛苦迫使我們面對自己的身分與定位，而如何處理這些經驗，決定了我們會成為什麼樣的人。

走出餘燼，九一一受害者化痛苦為成長

最近我讀到了雪柔．麥吉尼斯（Cheryl McGuinness）的故事，她經歷的痛苦真可謂無以復加。夏末某天早上，一如往常，她的丈夫湯姆

（Tom）天還沒亮就去上班了。幾小時後雪柔起床，帶著十幾歲的女兒和兒子去上學，開始每天的例行公事。

之後她接到朋友的電話，詢問湯姆是否在家，接著又有通電話打來。她知道出事了，但完全不曉得狀況。在她的追問下，那名朋友終於說：「有架飛機被劫持了。」

那是二〇〇一年九月十一日的早上，雪柔的丈夫湯姆是任職美國航空公司（American Airlines）的機師。

雪柔的家中陸續擠滿了前來關切的好友、鄰居、其他機師和教會朋友，但她仍無法得到任何答案，這樣的狀況持續了幾小時。後來，一輛載著該航空公司主管的車子停在她家門前，她終於得知發生了什麼事：由湯姆擔任副機長的美國航空公司十一號班機（Flight 11），是第一架撞向世貿中心的客機。湯姆和機上其他人全部不幸罹難。

如同大多數的悲劇倖存者，雪柔只能打起精神撐下去。有些人能妥善消化負面經驗，有些人則深陷其中。根據許多專家所言，在世貿中心遭受恐怖襲擊後，許多人承受嚴重壓力、創傷後壓力症候群（PTSD）、憂鬱症、廣泛性焦慮症（GAD）和藥物濫用疾患。[1]

儘管對於九一一攻擊有著切身之痛，雪柔在這種情況下依然堅強面對。她在事發三年後，出版了《餘燼留下的美麗》（*Beauty Beyond the Ashes*，暫譯），她在書中寫道：「再怎麼不公平、不合理又難以置信，悲劇發生後，我們依然要善後，依然要完成任務，依然對家人親友負有責任。人生的雜事可能會暫停一段時間，但不會因此停止。無論公不公平，這就是現實。」[2]

雪柔憑著決心和堅強，履行了她的職責。她打點好湯姆的葬禮，甚至還在葬禮上致詞，完全踏出了舒適圈。盡力照顧著孩子們，開始以單親的身分操持家務。她很快學會克服寡婦面臨的困難。例如，在悲劇發生後她獨自度過第一個母親節，聽從好心朋友的勸告，參加了他們以為會對她有幫助的活動。結果證明一點幫助也沒有。因此，父親節快到時，她主動規畫起一天的活動，讓自己和孩子們可以充分利用。

每次全新的經驗都是個人成長的機會。雪柔寫道：「我每天的學習都在累積，九一一事件逼得我審視自己、以前所未有的方式面對自己，捫心自問：『上帝到底要我做什麼？我憑著內心祂的大能，可以透過祂做些什麼呢？祂會怎麼透過我影響別人？』我對自己和上帝有了更多的了解，而且完全是靠自己，不是靠湯姆的篩選。」[3]雪柔說，直到湯姆走了，她才意識到自己有多懶散。以前，她依賴湯姆來督促自己成長；如今，她自己承擔了責任。

她成長最快的一大面向就是公開演說。「在九一一事件發生之前，我從來沒進行過公開演說。想到要在一大群人面前講話，我就心生恐懼。那天在湯姆的追悼會上發言時，我把內心的恐懼擱置一旁，心想這輩子就這麼一次演說了……我沒料到，自己還會在公開場合發言。」[4]但她一直接到演說的邀約，逐漸成為了講者。她下定決心，一定要把自己的傷痛轉化成別人的收穫。

如今雪柔的孩子都已長大，她也再婚了，丈夫是道格．哈欽斯（Doug Hutchins），她對當前的生活十分滿意。九一一事件十週年那天，有人問她的感想，她表示：「這天實在非常可怕，我認為任何人都不可能忘記。」但她也說：「我從九一一的餘燼走出來了，也走出那一天的破敗，可以肯定的是，我現在比十年前更堅強。」[5]一個人善加處理負面經驗時，就可能出現這種情況。這正是痛苦法則的力量。

就算你是好人，世界仍無法公平對待

成長茁壯的人與虛度日子的人差別為何？我認為，差別在於他們面對問題的方式。這就是我寫《轉敗為勝》的原因：幫助眾人處理問題和錯誤，運用有益他們的方式而非傷害。我想教人如何將負面經驗當作成功的墊腳石。**我沒聽過有人說：「我最愛麻煩了。」但我認識的人當中，許多人坦承自己最大的收穫都源自痛苦**。以下是我對負面經驗的認知。

一、有時你是鴿子，有時你是雕像

人生本來就充滿了起起落落。問題是，大多數人只想要一路順遂。那是不可能的。我認為很清楚的是——沒有人能逃脫負面經驗。也許這就是我的演說「當人生糟透時如何做好」之所以大受歡迎的原因。俗話說得好：有時你是雕像上隨意排泄的鴿子，有時你是倒楣的雕像！

我們可以盡己所能避免負面經驗，但負面經驗總有辦法找上門來。我格外喜歡一句話：「我很努力過好每一天，最近卻得同時應付好幾天的事。」無論你的身分、住所、工作或出身為何，都會有處理負面事務的經驗。正如電視主持人暨作家丹尼斯．霍利（Dennis Wholey）所說：「**只因為你是好人，就指望世界公平對待，就有點像因為你吃素，就指望公牛不會撞來。**」面對痛苦和問題時，你必須有務實的期待，不可能完全避免。

二、沒有人喜歡負面經驗

奧斯卡獲獎演員達斯汀．霍夫曼（Dustin Hoffman）描述自己與其他演員在演藝生涯初期的艱辛：

> 如果以前有人說我們以後會功成名就，我們會當面嘲笑他們。那時我們根本就是沒沒無聞的演員。我在當服務生，金．哈克曼（Gene Hackman）是搬運工，勞勃．杜瓦（Robert Duvall）在郵局工作。我們並沒有做任何榮華富貴的美夢，我們的夢想就是找到一份工作。那段日子不斷吃閉門羹，我們討厭一直被拒絕，後來甚至常把大頭照留在選角經紀人的門口，敲了門就跑，這樣就不用再被當面拒絕了。這個過程實在太挫折，我還一度認真地考慮乾脆放棄，改到大學當表演老師算了。

任何人都不喜歡身處負面經驗的感覺，通常這只會帶來痛苦。但如果能善加處理這類經驗，日後就會變得喜歡掛在嘴邊，成為一則驚心動魄的故事。

三、你對負面經驗有正向思考嗎？

人生各種難關讓我們無法原地踏步，只能被迫移動，但問題是，我們會往哪個方向移動？是前進還是後退？我們有了負面經驗後，會因此進步還是怨懟？這些經驗是限制了我們，還是帶領我們成長？正如華倫．萊斯特（Warren G. Lester）所說：「**人生的成功並非來自一手好牌，而是在於如何把一手壞牌打得漂亮。**」

逆境來臨時，許多人都難以招架。有些人信奉的座右銘似乎是：「人生遇到困難時，就是好好打盹時。」我有次就在保險桿上看到這句話。真是可惜。凡是追求成長的人，學會痛苦法則實屬必要。大部分成功人士都會指出，他們的人生難關正是成長之旅的轉捩點。如果你一心一意想要成長，就必須致力善加處理負面經驗。

你的痛苦檔案是？

每個人都有自己的痛苦檔案。你有你的，我有我的。儘管我也許不像雪柔．麥吉尼斯，經歷過那麼巨大的創傷，但我仍體會過失敗和負面的經驗。以下是一些例子，長期下來都能促進個人成長。

◆ **缺乏經驗的痛苦**——剛出社會時，我急著想獲得成功，但由於個性不成熟，經常跌跌撞撞。我不得不學會耐著性子，以取得他人的尊重與影響。

◆ **能力不足的痛苦**——剛出社會時，我做了很多輔導工作，但表現得十分糟糕，逼得我重新評估自己的天賦。唯有當我開始幫助他人培養能力時，我才發現自己的強項。

◆ **失望的痛苦**——我和瑪格麗特本來預計要收養一個兒子，但後來「失去」了這個機會，令我們大失所望。但六個月後，我們收養了兒子喬爾（Joel），成為我們人生中一大樂事。

◆ **衝突的痛苦**——我領導的教會經歷了會眾的分裂，導致有些人離開了教會。那段經歷讓我明白，身為領導者要懂得深入了解。

◆ **改變的痛苦**——我先前提過，自己當初很早就換了組織。這代表我必須重新開始。雖然這很困難，卻也帶來很多機會。

◆ **健康不佳的痛苦**——我在五十一歲時心臟病發，苦不堪言，也讓我大開眼界。我立即改變了飲食習慣，開始每天規律運動。

◆ **艱難決定的痛苦**——**希望每個人都滿意，又要做出艱難決定，可謂兩項無法相容的任務。我後來明白，優秀的領導難免引發失望，只要還能令人忍受即可**。

◆ **財務損失的痛苦**——錯誤的投資決策讓我們付出巨大代價，害我得賣掉個人資產以彌補損失，這一點都不好玩。但也幫助我在冒險時更加謹慎。

◆ **友誼結束的痛苦**——因為努力發揮個人潛力，所以我跟那些無心成長的朋友漸行漸遠。隨著結交新朋友，我也學會跟想要共同成長的人建立關係。

◆ **老二哲學的痛苦**——我從事一份工作時，追隨了一位傑出的牧師，身為領導者的他，深受信眾愛戴。對有些人來說，我從來不如他那樣受人敬愛，因而教會我謙卑的重要。

◆ **旅行的痛苦**——事業的忙碌讓我馬不停蹄，也教會我要重視家人，促使我珍惜陪伴他們的時光。

◆ **責任的痛苦**——由於我領導著不同組織，加上許多人得仰賴著我，因此我得替他人的福祉著想，需要不斷打造新素材、把行程表排得滿滿、追趕著一個又一個期限，讓我實在疲於應付，但我從中學會輕重緩急和自律的意義。

這些痛苦的經驗教會了我什麼？原本的不自在，轉化為個人進步的催化劑。成長是負面經驗所能催生的最棒結果。

如何把痛苦轉化為最大收穫？

法蘭克．休斯（Frank Hughes）曾打趣說：「**經驗並不是最好的老師，但可以當成不再犯蠢的最佳藉口**。」如果你希望透過負面經驗來避免重蹈覆轍，同時又能帶來大幅成長，不妨採取以下五個行動。

一、選擇正向人生觀

「人生觀」是用來形容人的整體參照框架——對於自己、他人和整個世界抱持的各種態度、假設和期待。例如，人生觀包括了對於金錢的態度、健康的看法，以及孩子未來的期待。人生觀是整體看待事物的方式：樂觀或悲觀、開朗或陰沉、信任或猜疑、友善或內斂、勇敢或膽怯、慷慨或吝嗇、大方或自私。如果你能保持正向的人生觀，就已經做好準備來處理負面經驗，進而將其轉化為正向的成長。

家庭治療先驅暨作家維琴尼亞．薩提爾（Virginia Satir）說：「**人生沒有應然，只有實然，差別在於你面對人生的方式**。」人生發生的許多事，都超出你的掌控。然而，你可以掌控自己的態度，選擇克服自己的環境，拒絕負面經驗摧毀自己的身分與信念。即使面對悲痛，你也可以下定決心挖掘正向的收穫，雪柔．麥吉尼斯就是如此。

我現在抱持正向的人生觀，因為我相信這才是成功的最好機會，同時又最能讓我幫助別人成功。我是藉由以下的思維，才發展出這樣的心態：

- 人生有好有壞。
- 有些好壞超出我的掌控——這就是人生。
- 有些好壞無法避免。
- 如果我抱持正向的人生觀，無論好壞最後都會變好。

- 如果我抱持負面的人生觀，無論好壞最後都會變壞。
- 因此，我選擇正向的人生觀。

大多數時候，你人生中的期望會獲得滿足——雖然有例外，但大多數時候如此。那為什麼我要做最壞的打算呢？我反而信奉著詩人約翰．葛林雷夫．惠提爾（John Greenleaf Whittier）的理念，他寫道：

> 不再瞻前，也不再顧後，
> 我不再心懷希望或恐懼；
> 而是心存感激，珍惜眼前所有，
> 最好的此地此刻。

如果你能做到這點，不僅會活得更有意義，也會更懂得人生的道理。

二、在舒適圈的盡頭，培養創造力

我要分享個雞農的故事。他的農地幾乎每年春天都被淹，他不想就此放棄農場，搬到別的地方，但每次水淹到他的農地、淹沒他的雞籠，老是費盡心力才能把雞趕到高處。有幾年，他的動作不夠快，幾百隻雞活活淹死。

在經歷了無比悽慘的春天後，他養的雞全都沒了，於是走進農舍告訴妻子：「我受夠了，我買不起別的房子，又不能賣現在的房子。真的不知道該怎麼辦。」

他的妻子回答說：「買鴨子嘍。」

充分利用負面經驗的人，總是找得到創意來解決問題，就像故事中雞農的妻子一樣。他們在自己的問題中看到了各種可能。

作家尼爾．唐納．沃許（Neale Donald Walsh）主張：「**人生在舒適圈的盡頭才開始。**」我相信，創造力始於舒適區的盡頭。你因為負面經驗而感到痛苦時，創造力讓你有機會把痛苦轉化為收穫，祕訣就是利用腎上腺素或憤怒的力量來解決問題、汲取教訓。

多年前我就有過這樣的經歷，當時洛伊．奧格威（Lloyd Ogilvie）邀請我為《約翰福音評注》（*The Communicator's Commentary*）撰稿，該系列共有二十一本書，針對聖經舊約評注。洛伊請我寫《申命記》的評注，我也同意了。但沒多久，我就發覺太自不量力了，我並不是舊約學者，寫作過程相當痛苦。我一共找了洛伊三次，希望能解除當初的約定，但三次他都拒絕，還鼓勵我繼續加油。

壞消息是，我愈寫愈心虛，實在痛苦不堪；但好消息是，由於他非要我寫不可，我不得不發揮創意。開始採訪聖經學者，汲取他們的觀點，又因為我的希伯來文不夠好，所以聘請了威廉．亞欽（William Yarchin）教授指導希伯來文。這些努力搭配許多苦工，終究讓我得以完成任務。這系列書都出版後，我請其他二十位作者在他們的書上簽名。今天，這套藏書就擺在我的書架上，可謂珍貴的財產！

當你有負面經驗時，不要就此挫敗或憤怒，而要設法找到激發創造力的方式。

三、接納負面經驗的價值

美國前總統約翰・甘迺迪（John F. Kennedy）曾被問及他何以成為戰爭英雄，他回答：「這很簡單，有人把我的船弄沉啦。」在負面經驗發生很久之後，總是比較容易正向看待，但當下卻很難用正向的心態來面對。然而，如果你辦得到，絕對能從中學習。

通用汽車（General Motors）研究部門負責人暨發明家查爾斯・凱特林（Charles F. Kettering）說：「**你站著不動時，永遠不會踢到腳趾。你走得愈快，踢到腳趾的機率就愈大，但成功的機會也愈大。**」換句話說，沒有辛苦就沒有進步。**面對逆境在所難免，有無收穫因人而異**，而是否學習又取決於是否理解逆境提供了這樣的機會。

四、「戰或逃」？勇敢做出正向改變

小說家詹姆斯・鮑德溫（James Baldwin）曾經表示：「凡事在面對後不見得會有所改變，但除非加以面對，否則就不可能改變。」通常，我們得靠負面經驗來面對人生需要的改變。我的健康就是如此。如前所述，我在五十一歲時心臟病發。在那之前，我深知自己的飲食和運動習慣有待加強，但身體從未有過任何毛病，所以只是一如既往地拚命工作。然而，我心臟病發的那天晚上，胸口疼痛劇烈難耐，以為再也見不到家人，終於讓我學到教訓，被迫面對一項事實：我需要改變自己的生活方式，可以說這是我的機會教育。也正是痛苦法則的價值，賦予我們改變人生的契機。**彎路並不是盡頭，除非你沒有轉彎**。

大多數人都不是靠思考來實現正向改變，而是憑感受來進行。哈佛商學院教授約翰．科特（John Kotter）和德勤管理顧問公司（Deloitte Consulting）負責人丹．科恩（Dan Cohen），在合著的《引爆變革之心》（*The Heart of Change*）一書中說：「改變行為與其說是提供分析來影響受眾的想法，不如說是幫助受眾看到真相，進而影響他們的感受。想法和感受缺一不可，共存於成功的組織中，但改變的核心在於情感。」

負面經驗引發內心強烈的感受時，我們不是面對感受、努力改變，就是設法逃避。這是「戰或逃」的原始本能。我們需要訓練自己，為了正向的改變而奮鬥。我們該怎麼做呢？務必記得，我們的選擇只會有兩種結果：自律的痛苦或懊悔的痛苦。我寧願活在自律的痛苦中，獲得正向獎勵，也不願活在懊悔的痛苦裡，因為懊悔會在內心深處帶來長久的痛苦。

長泳女將暨作家戴安娜．納亞德（Diana Nyad）說：「我願意接受任何考驗，暫時的疼痛或不適我根本不放在眼裡，只要明白這些經歷會讓我更上層樓就沒關係。我對未知的事物很感興趣，而通往未知的唯一路徑就是打破障礙，這個過程往往苦不堪言。」身為長泳選手，納亞德多次經歷這樣的過程才打破紀錄。一九七九年，她從巴哈馬的比米尼（Bimini）一路游到佛羅里達州，足足花了兩天，這項紀錄也保持了三十多年。

下次你發現自己身處負面經驗時，提醒自己正在改變與成長的風口浪尖。是否真的有所成長，取決於你對負面經驗的反應，以及你做出的改變。讓你的情感成為改變的催化劑，徹底思考如何改變，確保做出良好的選擇，然後採取行動。

五、都是別人的錯？承擔人生責任吧！

先前提過，你得明白環境無法決定你的價值。環境乃身外之物，未必會衝擊你的價值觀和原則。同時，你必須對自己的人生和選擇負責。精神科醫師佛雷德利．佛拉克（Frederic Flach）所著的《韌性》（*Resilience*，暫譯），與心理學家尤利烏斯．席格爾（Julius Segal）所著的《贏得人生最艱難的戰鬥》（*Winning Life's Toughest Battles*，暫譯）雙雙指出，克服負面經驗的人會避免被貼上「受害者」標籤，承擔起面對未來的責任。他們不會抱怨：「我的遭遇真是世界上最倒楣的，永遠也擺脫不了。」他們反而會說：「我的遭遇確實倒楣，但其他人比我更不幸，所以我不會這樣就放棄。」他們不會自怨自艾，也不會問：「為什麼是我？」這樣才對，因為**「為什麼是我」與「我好慘」相去不遠**。

如果你不為自己與人生承擔責任，幾乎不可能有任何大幅的成長。我記得喜劇歌手安娜．羅素

（Anna Russell）有一首老歌，反映出我們當今文化中許多人的態度：

我去看了精神科，檢查腦袋有沒有毛病；
我殺了自己的貓，還把老婆眼睛打到烏青。
醫生請我坐在軟軟的沙發上，想找出任何蛛絲馬跡。
從我的潛意識，挖出一堆東西。
我一歲的時候，媽媽把娃娃藏到後車廂。
所以想都不用想，我現在老是喝到茫。
我兩歲的時候，看到爸爸跟菲傭玩親親。
所以現在才會偷竊偷成病。
我三歲的時候，心裡對哥哥又愛卻又恨。
所以想都不用想，我毒死了全部的愛人。
我現在很高興，學到了人生大道理：
我做錯的每件事，都是別人的關係。

過去幾年，我在中國進行了多次的教學與演講。最近一次出差時，與會人員參與了一項價值觀練習，運用一副代表各種價值觀的卡片，找出自己最重視的價值觀，例如誠信、獨立、創造力、家庭等。這是約翰麥斯威爾公司（John Maxwell Company）開發且經常運用的練習活動，目前已有成千上萬的人體驗過，每個人先篩選出心目中前六名的價值觀，再縮小至前兩名，最後決定最重要的價值觀。令我訝異不已的是，在中國最重要的價值觀居然是責任感，這充分反映了他們的文化，難怪近年來中國在各方面都有亮眼的進步。

無論你經歷過哪些人生逆境——或正面臨哪些難關——都有機會從中成長。有時，我們很難在痛苦中看到機會，但機會就在其中。你必須有意願去尋找並且追求。這樣一來，也許你就可以從創立賓州的英國哲學家威廉·佩恩（William Penn）一席話中，得到莫大的鼓勵：「不費心力，則無收穫；少了荊棘，少了成就；未嘗苦澀，未得榮耀；不背十字，哪來王冠。」

痛苦法則的生活應用

一、評估人生至今你對負面經驗的態度。根據過去的經歷，下列何者最符合你處理失敗、挫折、問題和挑戰的方式？

- 我不惜一切代價，盡己所能避免痛苦。
- 我知道痛苦難以避免，但會加以忽視或無視。
- 我知道每個人都有痛苦的經驗，所以往往逆來順受。
- 我不喜歡痛苦，但還是努力保持樂觀。
- 我能迅速消化痛苦經驗伴隨的情緒，然後從中汲取教訓。
- 我能消化痛苦、從中學習，並且主動做出改變。

找到符合自己的描述後，你的目標應該是進步到能在負面經驗發生後，做出正向的改變。

二、你是否曾經把負面經驗當作創造力的跳板？如果沒有，不妨利用當前遇到的難題，幫助自己學會提升創造力，以下是各個步驟：

- 界定問題。
- 理解情緒。
- 釐清課題。
- 找出心目中的改變。
- 腦力激盪多種方法。
- 聽取他人意見。
- 採取行動方案。

別忘了，如果你做的事一成不變，永遠只會有相同的收穫。如果你想達成全新的目標，就需要另闢蹊徑。

三、任何見解無論有多深刻，只要你不願意在收穫後做出改變，對你來說都沒有價值。個人成長需要伴隨行動的意願！

花點時間回想最近遭遇的五次負面經驗，逐一寫下來，並記錄從中得到的收穫。接著，根據這些收穫，評估是否決定做出改變，再根據改變的實際狀況評分。評估完每次負面經驗後，針對處理方式的優劣，從A到F給自己打個分數。如果你拿不到A或B，就需要運用上面的步驟改善整個過程。

| 9 |

梯子法則
爬愈高，愈需要「品格」

對大多數人來說，成就是指你做的事……
對成功人士來說，成就代表你自己。
——道格．凡爾賓（Doug Firebaugh，作家）

我搬到佛羅里達州不久後，就認識了傑瑞．安德森（Jerry Anderson）。我們倆很快就成了好朋友。傑瑞十分優秀，事業也非常成功，但起初並不是如此。他的故事證明了一件事：品格的發展決定個人的成長，而個人的成長促進個人的成就。

商場上無往不利的祕訣

傑瑞在俄亥俄州長大。高中畢業後，開始在工廠裡當技師和模具師。雖然他很擅長這一行，工作認真又小有成就，但他卻無法感到滿足。他胸懷大志，想在人生中做更多事，而不僅僅是找份穩定的工作，退休後收集一支金錶。他想在商場上飛黃騰達，於是辭去工廠的工作，開始自己的創業家生涯。

他首次嘗試的生意是銷售日本製造的精密工具。產品品質一流，傑瑞又很熟悉這個領域，只可惜景氣不太好。當時正逢一九七〇年代初期，「日本製」的標籤不被看好。雖然相較於二戰期間僅生產廉價商品，日本製造業有了長足進展，但美國人還未正視這一點而不願購買。結果，傑瑞的生意失敗了。

傑瑞毫不氣餒，想再試一次，但這次改變策略，加入一家網絡行銷公司。他工作認真，雄心勃勃，把全部精力投入到新的事業中。可惜這一次，公司遭政府調查，被迫關閉，內部員工都丟了飯碗。

即使如此，傑瑞仍然堅持不放棄。當時他住在加州，跟友人伯尼．托倫斯（Bernie Torrence）共同創辦分類廣告報紙，還投資了俄亥俄州一家房地產週刊出版社。三年下來，他為了自己的報紙盡心盡力，但依然欲振乏力。

大約於此同時，傑瑞去見了約翰．施洛克（John Schrock），伯尼很敬重他，兩人也是生意上的合作夥伴。傑瑞問約翰，何以能在商場上無往不利。約翰說了祕訣：做生意靠的是價值觀與原則。

「什麼價值觀和原則啊？」傑瑞問。

「就是這些嘍，」約翰邊說邊從上衣口袋掏出一本自製小書，裡面都是取自《箴言書》的佳句，並按主題分門別類，他每天隨身攜帶。「每當我遇到生意上的問題或疑惑，都會翻翻這本書找答案。」

約翰送了傑瑞一本，鼓勵他好好運用。

想成功？先學成功人士思考

傑瑞意識到，如果他想成為成功的生意人，就需要學習成功生意人的思維模式。有鑑於此，他召集了五、六個人，約定好每週見一次面，每次一小時，研讀約翰給的那本小書。這是他首次有意識地關注個人成長。沒多久，他的生活和事業就發生變化。一向乏善可陳的生意，終於首度轉虧為盈，他把出版業務拓展到全加州，成績亮眼到被人收購。

傑瑞搬回俄亥俄州，好住在約翰的附近。他擔任顧問一段時間後，沒多久又想創業了。在過去所學基礎上，開始與另一家房地產雜誌合作。久而久之，該雜誌成為美國同類刊物中的翹楚，涵蓋芝加哥到邁阿密等多個城市的房地產，雇用了上千名員工。最後，紐約一家公司再次收購了這家雜誌。

你的原則與價值觀是？

到了一九八〇年代，聽過約翰．施洛克事蹟的人，紛紛前往俄亥俄州造訪，希望向他學習。約翰寫下自己的想法與原則來幫助他人。一九八〇年代末期，傑瑞決定把約翰分享的原則應用於市場上，約翰與伯尼也同意試試水溫，畢竟他們都想跟其他人分享所學。他們前往美國各地，設法吸引企業界人士，但相信他們的人少得可憐。不過後來，他們巧遇三名瓜地馬拉人，分別是牙醫、公司主管和一家五金行老闆，三人當時在維吉尼亞州尋求生意上的協助，看到傑瑞他們研發的素材時非常興奮，立即邀請傑瑞與其組織（日後稱作拉瑞德〔La Red〕基金會）來瓜地馬拉幫助他們。

傑瑞一行人造訪了瓜地馬拉市，成功推動了圓桌會議小組，形式類似多年前傑瑞在加州開創的每週例會。這些小組訂定每週會面時間，討論一項原則以及相關特色與優點，評估自己在該領域的定位，然後致力採取特定行動來加以改善。隔一週的會議上，他們就會針對彼此的承諾驗收，再討論下一項原則。一年下來，他們會討論以下主題：

克制	界限	倫理
慷慨	正確思維	所有權
認真工作	常識	抱負
動機	繁榮	傾聽
誠實	情緒	共同簽署
耐性	播種	責任
謙卑	方向	債務
生產力	修正	儲蓄
可靠度	衝突	培育他人
脾氣	壓力	理解他人

態度	批評	啟發
事實	判斷	影響
目標	對立	
規畫	原諒	

他們與業界人士合作成功的事蹟傳開了，拉瑞德基金會接受瓜地馬拉一所大學院長的邀請，向全體教職員教導價值觀。當時，該校教職員有收賄的陋習，還會為了成績進行其他交易。這些價值觀逐漸改變該校的文化，大學董事會便要求，所有新生都要加以學習這些價值觀。如今，每年有一萬兩千到一萬五千名學生修習這門課程。

拉瑞德基金會在瓜地馬拉成立不久後，傑瑞和團隊獲邀到哥倫比亞的波哥大教導同一套價值觀。在準備過程中，他們原本預計會有五十人到場，沒想到出現數百人，最後只得移到附近的市立公園舉辦。

隨著消息在哥倫比亞傳開，哥國政府代表請拉瑞德幫一萬一千五百名公務員上課，教導相同的品格價值觀。傑瑞欣然答應。後來他才發現，所有的公務員其實都是監獄戒護人員。這著實嚇人。哥倫比亞境內監獄是出了名的暴力和腐敗，遭監禁的販毒大老與游擊隊領袖在牢裡打造自己的套房，在裡頭進行不法活動。每天都有人慘遭殺害。監獄主管和戒護人員不是跟著沉淪，就是成為亡魂。

但當時監獄改由一位退休將軍督導，他是在當局的哄騙下接了工作。身為高度重視誠信的人，希福恩德斯將軍（General Cifuentes）想要改變監獄的文化，拒絕對腐敗視而不見。這份決心卻讓他的兒子丟了性命，因為兒子被殺手誤認為是將軍本人而慘遭殺害。後來，這位將軍還遇到多次暗殺行動，但都能全身而退。正是他促成傑瑞來監獄幫戒護人員上課。

拉瑞德將品格發展和價值觀導入一百四十三座監獄，裡頭共關押七萬五千名囚犯，監獄文化開始產生轉變。一年半之後，謀殺率大幅下降，甚至有報導指出，部分囚犯表示想把戒護人員當成榜樣。當然，監獄並沒有因此就成了愉快的場所，但確實跟以前不一樣了。這促使哥倫比亞軍方請拉瑞德基金會開始培養軍隊的性格發展。

拉瑞德持續將品格的價值觀與原則，帶到全球各地的企業、政府、教育界和教會。目前，他們正在幫助四十四個國家的人民，估計有超過一百萬人學會以這些價值觀為基礎的原則。這點至關重要，因為品格的成長決定了個人成長的高度。沒有個人成長，就永遠無法發揮潛力。

九九%的領導失敗都是因為……

詹姆斯．庫塞基（James Kouzes）教授和貝瑞．波斯納（Barry Posner）教授花了超過二十五年時間，調查了各個組織類型的領導者，問題包括：「你認為領導者需要哪些價值觀、個人特質或特點？」多年來，他們這項名為「值得敬佩的領導者特點」問卷調查，共訪問了超過七萬五千人，遍布非洲、北美洲、南美洲、亞洲、歐洲和澳洲等六大洲。[1]他們的成果報告顯示：「多年調查結果呈現明顯的一致性，納入族群、組織或文化差異等因素，也都沒有出現大幅變化。」領導者最令人敬佩的特質是什麼？答案是**誠實**。

正如庫塞基和波斯納所說，誠實是良好品格的核心，足以提升或破壞個人名譽。他們寫道：

> 在幾乎所有調查中，**誠實是最常獲選的領導特質**。整體來說，這是領導者與被領導者關係中最重要的因素。各項調查的比例或有不同，但最終排名並沒有變化。從我們進行研究之初，誠實就一直列居首位。[2]

一般人想追隨品格良好的領導者，這並不令人感到意外。沒有人喜歡跟不可靠的人共事。但我們在跟他人共事或追隨領導者前，每天必須依賴誰呢？自己！這就是品格如此重要的原因。如果你無法相信自己，就永遠無法成長。以誠實和正直為核心的良好品格，是人生任何領域的成功關鍵。沒有了品格，一個人就沒有穩固的基礎。

比爾．索拉爾（Bill Thrall，編按：非營利機構 Trueface 共同創始人）主張，人往往只關注自己的專業能力，而沒有培養品格，這往往會讓他們付出代價，像是失去人際關係，甚至搞砸事業。他說，這就像攀爬缺乏穩固支撐的長梯子，爬得愈高，就愈加搖晃不穩，最終摔下梯子。[3]

退役將軍諾曼．史瓦茲柯夫（Norman Schwarzkopf）斷言：「**九九%的領導失敗都是品格失**

敗。」一九九%的其他失敗也是如此。大多數人過於注重能力，而忽視了品格。一個人有多常因為沒有堅持紀律而錯過了最後期限？多常因為沒有用功讀書而考試失常？又多常停滯不前，不是因為他們沒時間讀有用的書，而是因為選擇把時間和金錢花在較無價值的事情上，導致沒有成長？這些缺點都是來自品格，而非來自能力。品格成長決定了個人成長的高度。這就是梯子法則。

培養正確思維，你有哪些「品格梯子」？

我向來都是刻意攀登品格的梯子。對你我來說，這並不是自然而然就會發生。我花了幾十年培養正確的思維模式，學習需要哪些「階梯」才能幫助自己進步。以下列出了我的品格階梯，一直激勵著我爬得更高，說不定也會對你產生助力。

一、品格——專注改善內在而非外在

我相信，一般人都會在意自己的外表，這是正常的渴望，沒有任何不對。真正麻煩的是，我們過於擔心外表，而忽略了內心的樣貌。我們的聲譽是基於他人對於外表的看法，我們的品格則代表了內在。幸好，如果你專注於改善自己的內在，久而久之，你的外表也會變得更好。為什麼呢？

內在影響外在

兩千五百多年前，《箴言書》的作者便指出相由心生。[4]這項古老的思想得到了其他智者的呼應，也得到現代科學的證實。教練指導選手想像獲勝的重要性；心理學家指出自我形象對行為的影響；醫生發現了正向態度與希望對痊癒的影響。

我們的信念真的至關重要。種瓜得瓜，種豆得豆。在各自的日常生活中，我們各種行動或忽視在在影響了自己的樣貌。如果你忽視自己的內心、思想與靈魂，就會改變你的內在與外在。

內在勝利先於外在勝利

如果你在需要時完成必須做的事，那總有一天，你就能在想要時完成理想中的事。換句話說，在你有能力做到以前，必須先多加練習。

我經常觀察到有人看似做了所有對的事情，但並沒有因此取得成功。這種情況發生時，我通常會得出這樣的結論：內在出了問題，必須改變。正確的外在行動，伴隨錯誤的內在動機，不會帶來長遠的進步；正確的外在話語，伴隨錯誤的內在思考，不會帶來長遠的成就；外在表達的關心，伴隨內心的憎恨或蔑視，不會帶來長久的和平。平衡人生的內在與外在，能導致持續的成長和永續的成功。而要有正確的內在，首先得有堅實的人格特質，為成長打下基礎。

內在的成長完全在自己掌握中

我們往往無法決定外在的事，但絕對可以決定內在的事。吉姆·羅恩說：

> 品格體現了許多重要特質，包括正直、勇氣、毅力、自信和智慧。品格不像你的指紋是與生俱來、不能改變的，而是由你在內心創造，也必須承擔起改變的責任。

我們無法選擇正確的品格時，等於放棄了對自己的所有權，白白交給別人控制我們。這只會讓我們陷入困境。如果別人為你做出選擇，怎麼可能發揮你的潛力，成為理想中的自己呢？

我的品格梯子每一階都歷經艱難的個人選擇，得來不易也難以管理。每天都有外在挑起的戰鬥，讓我加以妥協或投降。遺憾的是，我確實曾經意志不堅。但每當自己妥協時，事後我都會奮力討回來，讓這些特質回到原本神聖的地方：我的內在。

作家暨資深行銷專家道格·凡爾賓表示：「人生的勝利不僅僅關乎錢……而是要在內在贏得勝利……知道已盡力遵守人生的遊戲規則……而且還沒那麼簡單呢。」如果你想成功，必須把重心放在經營內在而非外在。

幾年前，少年百萬富翁法拉·格雷（Farrah Gray）寫了一本書叫《真實富翁》（*Reallionaire*，暫譯），用這個詞描述「發現金錢不僅僅是金錢的人，了解成功不單單只是口袋有錢，內在同樣富有」。小時候，他就明白沒有強韌的品格基礎，金錢不會帶來成功，只會導向毀滅。如果你還懷疑，不妨看看多少知名童星和年輕明星沉淪、玩火自焚。他們的故事往往可悲，因為他們只關注人生的表象，而不是在功名利祿到來時，為自己打造內心堅實的基礎。我們得努力避免落入相同命運，因此要集中精力改善內在而不是經營外在。

二、人——依循黃金法則行事

幾年前，我獲邀寫一本關於企業倫理的書，於是以黃金法則（golden rule）為基礎，出版了《倫理入門》（*Ethics 101*，暫譯）。如果你只能選擇一條人生準則，以下這條最值得奉為圭臬：「**有一項基於經驗、簡單的行為準則：問問自己，希望別人為你做什麼，然後主動出擊，直接替他們完成。**」

遵循黃金法則大大有助於形塑品格，促使你關注他人並催生同理心，也鼓勵你走正道。如果你堅持下去——遇到逆境更應如此——就會逐漸成為別人的榜樣。畢竟，在所有的人際關係中，我們對於他人的人生不是加分就是扣分。黃金法則幫助我們替他人加分。

三、熱情——我只教導自己相信的事物

大多數講者在生涯初期都會接到各式主題的邀約，或可能出自特定的傳統，理應能從特定觀點來

討論某些主題。例如，勵志演說家通常會宣稱：「只要你相信就會實現。」我剛展開演說生涯之初，有些東西雖然也會教，自己卻沒有百分之百相信。我說的並非大是大非的事，而是主觀判斷的事。但我只要一提起，就會感到後悔。

你知道說一套又信一套的講者被叫作什麼嗎？偽君子！所以起初，我誓言只教自己相信的東西。因此受益良多，不僅能保持正直，也可以維持熱情。**借來的信念沒有熱情，所以沒有力量**。有些東西我在三十年前就很熱衷，例如「REAL」的效益——即人際關係（Relationships）、準備（Equipping）、態度（Attitude）和領導力（Leadership）——至今我仍然對其充滿熱情。真要說有何不同，那就是現在我對「一切都取決於領導力」這句話更是堅信不疑，遠遠超越首次介紹給觀眾的那場演說。

缺乏原則和激情，會變成一個平淡無奇的普通人。我可不想成為那樣的人，我敢說你也不想。

四、觀點——重視謙卑勝過一切

劇作家暨作家J．M．巴利（J. M. Barrie）說過：「**每個人的人生都是一本日記，寫出來的故事不見得跟設想的一樣，而最令人謙卑的時刻，莫過於把最終成品與原始計畫兩相比較**。」我認為，凡是對自己誠實的人，都會發覺自己未完成理應要實現的目標。湯姆．漢克斯（Tom Hanks）在《阿甘正傳》（*Forrest Gump*）中說，人生是一盒巧克力，但其實人生更像是一罐墨西哥胡椒：**我們今天做**

的事，明天可能會讓屁股燒得火辣！

我們無意犯錯或功敗垂成，但又在所難免。人們離愚昧只有一步之遙。我的作家暨牧師朋友安迪．史坦利說：「我的結論是，雖然沒有人打算搞砸自己的人生，但問題是少有人會認真思考如何避免。也就是說，我們沒有採取必要的預防措施，就無法確保結局皆大歡喜。」

那我們該怎麼做呢？

見樹又見林

我認為，首先要提醒自己採取宏觀視角。據說約翰．甘迺迪總統在白宮擺了一塊小匾額，上面寫著：「喔上帝啊，祢的海洋真是浩瀚，我的小船真渺小。」如果連所謂自由世界的領袖都能認清自己在世界上的真實定位，那我們理應加以仿效。

了解每個人都有缺點

牧師作家華理克（Rick Warren）針對保持謙卑給了很棒的建議。他建議，我們要承認自己的缺點、耐心看待他人的缺點，並且樂於接受改正。這三件事當中，我得承認自己只善於其中一項。我覺得承認缺點並不難——也許因為我本來就有很多缺點。但我很難對別人有耐心，得不斷提醒自己要寬以待人。而為了更能接受指正，我從不認為自己絕對不會把事情搞砸，也願意結交肯跟我說實話的朋友，同時在生活中建立系統培養責任感。

保持初學者心態

我喜歡跟懷抱初學者心態的人相處。他們把自己視為學徒而非專家，因此有著謙卑受教的態度；他們試圖從他人的角度看問題，樂於接受新的想法；他們具有求知欲，提問之餘也懂得聆聽；他們在做決定前會盡量蒐集多方資訊。我十分欽佩這樣的人，努力跟他們看齊。

願意服務他人

培養品格與謙卑態度的最佳方式莫過於服務他人。把他人需求擺第一，有助於避免自我觀點膨脹（如果你是領導者，則格外需要牢記這點，因為你可能已經習慣他人伺候，認為這是理所當然）。傑克・威爾許和蘇西・威爾許在《致勝的答案》中表示，一般人會因為自己的成功而「自滿」，結果就對他人產生錯誤的心態，他們寫道：

> 自滿的人會出現各種討人厭的行為。他們很傲慢，對同事和部屬尤其如此。他們老愛搶功勞，貶低他人的辛苦，不願分享想法，除非是要炫耀，而且不善於傾聽。老闆們大老遠就能嗅到這些破壞團隊的行為，所以難怪你會說身邊那些「有權有勢」的人，一直在跟你作對。你也許非常聰明，工作表現亮眼，但你膨脹自己的個性會挫傷組織內部士氣，最終影響整體效能。[6]

習慣當贏家的人，如何才能提醒自己世界不是繞著自己轉呢？服務他人。對我來說，服務始於瑪格麗特和其他家人。此外，從一九九七年開始，我每年都會挑選一些人，當作我提供無償服務的對象。同時想辦法服務自己的團隊，因為他們每天都認真為我和團隊的願景打拚。

心存感恩

我很清楚自己受到老天眷顧，才有幸得到人生的種種收穫。我要感謝上帝和身旁的人，正因如此，我時時心存感恩，但這並不容易。多年來指導我的顧問佛雷德．史密斯（Fred Smith）在這方面惠我良多。他說過：「我們很難時時心存感恩，因為這會讓自己感到虧欠，而我們不想虧欠他人。我一直不太懂聖經中『以感謝為祭』（sacrifice of thanksgiving）這句話，直到我後來有所體悟，所謂感恩就是承認有人幫我做了自己做不到的事。感恩表現的是我們的脆弱，以及自己對他人的依賴。」

中國有句諺語說：「**飲其流者懷其源**。」我們所做的每件事，所取得的每項成就，所達成的每個里程碑，部分都歸功於他人的努力。沒有人可以只靠自己就能成功。如果我們能記住這一點，就會心存感恩。如果我們心存感恩，就更有可能養成良好的品格。

孔子曾說：「謙者，眾善之基。」（譯按：原文為「Humility is the solid foundation of all the virtues」疑似誤以為孔子所言，但應出自明代思想家王陽明〔王守仁〕之口。）也就是說，謙卑為品格的成長鋪路，也為個人成長奠定基礎。這些肯定息息相關。

五、誠信——有始有終

我的人格梯子最後一階是繼續塑造品格的決心，以及維持最高標準的生活品質，至死方休。為了致力達到此目標，我每天都在努力做對的事，當個更好的人。我不會等到心情好才做對的事，因為我明白情緒伴隨行動而來。做對的事，心情就會好；做錯的事，心情就會差。**如果你能掌控自己的行為，情緒就會順勢而生**。

牧師暨廣播主持人東尼．依凡斯（Tony Evans）說：「如果你希望世界變得更好、各國變得更好、各州變得更好、各郡變得更好、各城市變得更好、各個社區變得更好、各個教會變得更好、各個家庭變得更好，那自己就必須先成為更好的人。」一切的一切都是從你我開始。如果我們注重個人品格，就能讓世界更加美好。如果我們畢生都不懈怠，就等於盡了一己之力改善世界。

成為「泥土」還是「大理石」的人生

曾獲普立茲獎的作家亞歷山大．索忍尼辛（Alexander Solzhenitsyn）在蘇聯時期因批評約瑟夫．史達林（Joseph Stalin，蘇聯前最高領導人）而入獄八年。他入獄時是無神論者，出獄時卻有了信仰。吃牢飯的經歷並沒有令他心生怨懟，反而令他感恩信仰的出現和品格的鍛鍊。回首這段過往，他說：「我祝福你，監獄——感謝你出現在我生命中——躺在酸腐的監獄稻草上，我明白人生的目的不是像我從小堅信的那樣，一切都為了飛黃騰達，而是要追求心靈的成熟。」

如果我們渴望成長和發揮潛力，就必須更關注自己的品格，而不是成功本身。我們必須了解，個人成長不僅僅是拓展思維、增加技能，還意味著提升身為人類的能力，即使受到傷害，也要保持內心的正直，以及為所當為，不單單追逐自己的私利，要讓心靈益發成熟。

醫生暨作家奧里森．斯威特．馬登（Orison Swett Marden）曾這樣描述成功人士：「他生是泥土，死是大理石。這項有趣的比喻，可用來看待不同的人生。有些人生是泥土，最後仍是泥土……可悲的是，有些人生是大理石，死是泥土；有些人生是泥土，夢想當大理石，卻仍然是泥土。但許多品格高尚的人生是泥土，死是大理石。」這個想法難道不棒嗎？我希望自己生命告終時能有此名聲，希望你也是如此。

梯子法則的生活應用

一、評估自己人生至今，大部分的專注力都耗費在哪裡，用於改善內在還是外在？舉例來說，你可以比較過去十二個月在衣服、珠寶、配件等方面的花費，以及在書籍、會議等方面的花費；或比較上個月花在個人與精神成長的時間，以及花在外表相關活動的時間。如果你經常運動，檢視你希望獲得哪些好處？這跟內在健康還是外貌有關？

如果評估顯示專注力多半用於外在而不是內在，就想想如何把更多時間、金錢和注意力用於個人成長上，以轉移原本專注的面向。

二、計畫接下來幾個月固定服務他人，把自己的事暫擱一邊，將別人的事擺在首位，這會有助於你培養謙卑、品格和無私的精神。如果你沒有為家人代勞的習慣，那就從家人開始吧。

另一項方法就是，每週至少挪出一小時當志工，然後安排到行程中，服務時投入百分百的專注力。

三、美國前參議員丹．柯茨（Dan Coats）說：「如果品格遭多年來的妥協與藉口摧殘，在危急時刻就不可能喚起。英雄的唯一考驗就是日常瑣事。凡是改變一生、甚至國家命運的重大決定，都是奠基於幾百個不帶思考、反映自我又看似瑣碎的私下決定。習慣正是品格的日常戰場。」

你每天如何發展品格成長的習慣？你注意自己的心靈嗎？在從事困難或不愉快的事嗎？是否實踐黃金法則，把別人需求擺在自己前面？你的品格並非固定不變，而是可以愈來愈好，永遠都不用怕來不及。你可以成為更好的人，藉此改變自己和整體潛力。

| 10 |

橡皮筋法則
勇敢拉鋸現在的定位與理想目標

唯有平庸之人，才會永遠維持最佳狀態。

——毛姆（W. Somerset Maugham，英國小說家）

從小到大，我都很喜歡運動，也滿有運動細胞。四年級時，我發現打籃球的樂趣，便成了我的愛好，即使高中畢業依然在打球。我也跟多數大學生一樣，運動量大又身強體健。到了二十多歲，繼續找朋友報隊打球，把高爾夫球也加進了日常活動。但隨著事業的發展，進入三、四十歲時，我缺乏規律的運動，又疏於照顧健康。五十一歲時，我心臟病發，付出慘重代價。

從那時起，運動就成了我日常生活的一部分。多年來，我都在跑步機上健走或跑步，跟朋友打高爾夫球時，偶爾會在球場內跑一段。大約五年前我開始游泳，設法每天到泳池游上一小時。最近，我開始跟瑪格麗特一起做皮拉提斯（Pilates），這些運動主要集中於鍛鍊核心肌群和柔軟度。為了擁有高柔軟度，重點會放在身體伸展。我們發覺這非常受用又有益。我認為，自己現在的身體處於三十五年來最好的狀態。

打破舒適圈！練習「伸展人生」

在準備寫這一章時，我想起自己的職涯至今所有在專業上的突破。青少年時期，我蒐集而來最喜歡的佳句之一是：「**潛力是上帝送我們的禮物，發揮潛力是我們給上帝的回禮。**」我們要怎麼發揮潛力呢？走出舒適圈，不斷地「伸展」——不僅是身體的伸展，還有心智、情感和精神的拓展。人生在舒適圈的盡頭才開始，通過伸展來突破舒適圈。

回顧過去四十年，我發覺自己專業上的進步多半源自經驗的拓展，以下是部分例子。

靠自己，選擇較慢的起點

我選擇了沒有人認識我爸的教會。我的父親是教區長（district superintendent），如果我當初去的是他能發揮影響力的教會，生涯的起步肯定會快一些。事實上，我必須比平時更加努力，也必須認識自己、了解自己真正的能力。

我相信，這有助於定義自己的生涯。我下定決心好好努力，運用創意、想辦法領導民眾、發展自己的教會。我在那座教會中，學會許多領導相關的課題，也學會如何更妥善地付出愛。

專注於教學領導力

當我在一九七〇年代中期開始談論領導力，這個主題還沒有什麼牧師碰觸。有些人批評，我太專注於他們眼中的「世俗」訊息，但我不得不說這很奇怪，因為史上最偉大的領導者都可以在聖經中找到，像是亞伯拉罕、摩西、大衛王、耶穌和保羅。即使四十年過去了，仍然有人因此批評我。

那麼為什麼我還是一直教授領導力呢？因為牧師需要領導民眾，而在我那個年代，牧師沒有受過任何相關訓練，但領導卻是牧師生涯的日常。起初，我成為領導者的過程十分艱辛，也知道其他人同樣心有戚戚，我想幫助他們。藉由這段經歷拓展能力，我不僅幫助很多牧師，還發現自己生來就是要從事教學的使命。

學習國際交流

我記得第一次借助口譯員進行演說是在日本，這個過程讓我很不自在。因為我說一、兩句話就得停頓，好讓口譯員翻譯，然後說一、兩句話、再停頓一下等候翻譯，直到演說結束。當然，其中有許多文化差異需要跨越。我發現這實在不容易。演說結束後，瑪格麗特告訴我，當時八歲的女兒伊莉莎白（Elizabeth）一度探過身子說：「爸爸不太會講是不是？」就連孩子都能看出來我並未跟觀眾產生連結。

我很享受溝通，最簡單的方式就是放棄對美國以外的民眾演說。畢竟我已經知道如何用英語有效溝通。然而，我認為這是拓展自己和成長的機會，也許有天會產生更大的影響。雖然我花了將近十年的時間，學習跟口譯合作的同時，如何與其他文化的民眾交流，但結果絕對值得。這些基礎讓我得以創立EQUIP，培訓世界各地一百七十五個國家的領導者。

觸及新群眾

傳授牧師領導力課題約十年時間後，我開始注意到一個趨勢，愈來愈多企業人士參加我的領導研討會。我對此十分歡迎，因為多年來，我一直在自己的教會向門外漢和員工傳授領導力。我沒有因此改變本來就在做的事。某天，我和出版社見面時，發現愈來愈多非宗教事業的零售商購買我的書。實際上，久而久之，三分之二的銷售量都來自一般零售通路。

我將此視為難得的機會，可以接觸到更多的人。但難題是，我可以跟企業人士溝通嗎？民眾坐在教堂聆聽牧師布道所抱持的期待，跟花錢聽演說所抱持的期待完全不同。我不確定自己能否成功，這又是一次拓展至舒適圈外的經驗。

專注於自己的建樹

六十歲時，我已準備好慢下腳步。搬到了陽光充足、氣候溫暖的地方。我很喜歡那裡，經濟上也相當充裕，兒孫滿堂，這是人生最棒的禮物了。我持續地寫作和演說，但速度不若以往。幾十年的辛苦後，如今是豐收的季節。

而隨後有些機會出現了。我的書交由另一家出版社負責。有人希望我開一間培訓公司。過去十年來，我所研發的培訓教材，有機會重新由我掌控。我會怎麼辦呢？

這意味著我的經驗得以再度伸展，但我願意抓住機會、接受挑戰。我很高興自己辦到了。我已經進入另一個播種的季節，而不僅僅是收穫罷了。我相信這會讓我幫助更多人，如果單純慢下腳步，就幫不了這麼多人了。

人生是條橡皮筋，找出張力的好處

很多年前，我在一次領導力會議上授課時，在每位與會者座位上放了一條橡皮筋。開始上課後，我詢問與會者是否想得到橡皮筋的使用方式。討論結束時，我問他們是否能找出所有用法的共同點。也許你已經猜到答案了。橡皮筋只有伸展時才有用！我們也是如此。

一、你可以忍受平庸嗎？

有個笑話：一名叫山姆的雜工，有次得到工廠老闆給予一份全職工作，因為工廠水壩有麝鼠肆虐的問題。老闆要求山姆清除鼠患，甚至給了他一支步槍來解決問題。

山姆欣喜若狂，因為這是他第一份固定工作，薪水也很穩定。

幾個月後的某天，朋友來看山姆，發現他坐在草坡，槍擱在膝蓋上。

「嗨，山姆。你在幹嘛？」他問道。

「工作啊，守著水壩。」

「怕什麼來呀？」

「鼯鼠啊。」

他的朋友向水壩望去，就在這時，一隻鼯鼠出現了。

「那裡有一隻！」朋友驚呼。「快開槍！」

山姆動也不動，此時鼯鼠一溜煙就跑了。

「你幹嘛不開槍？」

「你瘋了嗎？」山姆回答。「我幹嘛弄丟飯碗咧？」

你可能認為這個笑話很蠢，但可能比我們想像的更接近事實。之所以這麼說，是因為我讀大學時，曾在當地一家肉品包裝廠工作。我的職責是把一架架的生肉搬到冷藏間，以及接收訂單，但我對整個作業流程十分好奇，想要了解背後運作的原理。待了幾週後，在包裝廠工作多年的前輩龐斯（Pense）把我拉到一旁說：「你問太多問題了，知道愈少，做的就愈少。」他的工作是宰殺牛隻，從頭到尾都不想做別的事，像極了我在《華爾街日報》（*Wall Street Journal*）漫畫裡看到的一個角色，該角色對人事經理說：「我知道自己大材小用，但我保證只用一半的能力就好。」

大多數人只使用自己一小部分的能力，很少努力發揮自己的全部潛力，生活中缺乏成長的張力，也沒有向外拓展的欲望。可悲的是，三分之一的高中生畢業後再也不曾讀完一本書。同樣地，四二%的大學生畢業後就沒有讀完一本書了。[1]出版社大衛．戈丁（David R. Godine）還宣稱，只有三二%的美國人曾經逛過書店。[2]我不知道民眾是否察覺到，自己當下處境和真正潛力之間的差距，但相對來說，似乎少有人藉由讀書來縮小差距。

太多人願意接受平庸的人生。這有什麼不好呢？不妨讀讀艾德蒙．高德特（Edmund Gaudet）以下的描述再自行決定：

所謂「平庸」，是親朋好友問失敗者為什麼無法更加成功時，失敗者用來搪塞的藉口。

所謂「平庸」，是底層中的頂端，是最差中的第一，是頂層中的底端，也是最好中的墊底。

你屬於哪一個？

所謂「平庸」，意味著普通、一般、不重要、陪襯、沒沒無聞。

「平庸」是懶人的託辭，缺乏表明自我立場的勇氣，一切都按既定安排過活。

「平庸」是占著茅坑不拉屎，是想要一輩子都旅行，卻從不支付交通費，對於上帝在你身上的投資，不願給予任何利息。

「平庸」是用時間虛度生命，而不是用生命體驗光陰；是消磨時間，而不是工作到死。

「平庸」是一旦離開人世就會被遺忘。成功人士因為有貢獻而留在社會記憶中；失敗人士因為努力過，所以也會有人記得；但沉默的大多數「平庸」人士，單純遭到遺忘了。

「平庸」是對自己、對人類、對上帝所犯下的最大罪行。最悲哀的墓誌銘莫過於：「在此長眠著平庸先生與平庸女士——長眠著壯志未酬、一生自認『平庸』的遺憾。」[3]

我無法忍受甘於平庸，你可以嗎？沒有人欣賞平庸。一流的公司行號不會為平庸買單。平庸之道不值得追求。正如小說家阿諾・班奈特（Arnold Bennett）所說：「真正的悲劇是一個人畢生從未準備盡力而為，從未充分發揮自身潛力，從未展現自己的高度。」我們必須察覺自己與潛力之間的落差，讓其中的張力激勵自己不斷努力進步。

二、安於現狀最終導致不滿

我相信多數人自然會安於舒適圈，寧願選擇安逸而非開發潛力。他們陷入熟悉的模式和習慣，用同樣的方式、跟相同的人、在同樣的時間、做同樣的事，最後得到同樣的結果。的確，在舒適圈的感覺良好，但只會導致平庸甚至不滿。正如心理學家亞伯拉罕・馬斯洛（Abraham Maslow）所說：「**如果你的志向低於自身能力，很可能一輩子都不會快樂。**」

如果你曾經滿足現狀，又納悶為什麼人生不如預期，就需要明白唯有勇敢離開舒適圈、消除平庸的心態，才會實現你的潛力。你必須願意拋棄熟悉、安全、有保障的事物，必須不再找藉口、繼續前進，必須願意面對發揮潛力造成的張力，才能避免詩人約翰．葛林雷夫．惠提爾筆下所描述：「悲傷的話語或文字所在多有，最可悲的莫過於『本來可能』。」

三、什麼讓你卻步？從心尋找開始的理由

青少年時期，父親叫我閱讀詹姆斯．艾倫的《我的人生思考》，這本書對我的人生產生深遠的影響，我因此了解，發揮潛力要從內在開始。艾倫寫道：「你的處境可能很差，但不會長期如此，只要你找到理想並努力實踐就好。**你不可能光是內心在旅行，外表卻站著不動。**」

大多數人都有夢想。有些人的夢想掛在嘴邊，有些人的夢想深埋心中，但每個人都有夢想。然而，追求夢想的人並不多。我在教授實現夢想的主題時，詢問聽眾有多少人帶有夢想，幾乎每個人都舉起手，但我一問有多少人在追求夢想，舉手的人剩不到一半。問題再改成「多少人正在實現夢想？」只有零星幾位舉手。

是什麼讓他們卻步？又是什麼讓你卻步了？《發現我的天才》（*Now Discover Your Strengths*）作者馬克斯．巴金漢（Marcus Buckingham）和唐諾．克里夫頓（Donald O. Clifton）引用了蓋洛普（Gallup）民調顯示，大多數人不喜歡現在的工作，卻又沒有做出改變。讓他們卻步的是什麼呢？大多數美國人想要減肥，卻沒有努力去行動。我經常遇到這樣的人，他們說自己想寫書，但問他們：

「你開始寫了嗎？」答案幾乎總是否定的。一般人需要的不是希望、想要和等待，而是**從內心尋找開始的理由**。

我們的人生處境，主要是肇因於自己的選擇和行動，最好記住這一點。年紀愈大，愈要對自己的處境負責。如果你今年只是平庸，或者夢想跟去年一樣遙不可及，你可以選擇接受、辯駁、掩蓋或找藉口，也可以選擇改變現況、從中成長，並開闢一條新的道路。

吉姆．羅恩提出觀察：「除了人類以外，每種生命似乎都努力把潛能發揮到極致。一棵樹會長得多高？能多高就有多高。另一方面，人類獲得了選擇的尊榮。你可以選擇放手一搏，也可以保留餘力。為什麼不全力以赴地迎接挑戰，看看自己最大的能耐呢？」

向外拓展的內在動力從何而來？衡量目前的作為，以及你真正的能耐，自己跟自己較量一番。如果你不知道自己的能耐，就跟關心你、相信你的人談談。生活中沒有這樣的人嗎？努力去找，找個能幫助你看清自己潛力的良師益友，而不是只看到現在的你，然後用願景來激勵自己開始拓展。

四、勇於承擔風險，去改變吧！

本章一開頭，我列出自己五項主要拓展專業的經驗。當我回顧人生這些時刻，不得不承認改變確實是項挑戰。我不喜歡挑戰，而是喜歡處在舒適圈，總有念頭想抗拒。但是待在舒適圈無法成長，你不能既想進步，又想避免改變。那我該如何擁抱改變、把自己踹出舒適圈呢？

首先，我不再回頭看，專注過去又要改變現在實屬困難，所以多年來，我的桌子上都有一面牌子，上面寫著：「昨天結束於昨晚。」這有助於我專注當下，盡己所能在今天求進步，這點很重要。《心靈雞湯》（*Chicken Soup for the Soul*）系列書作者暨撰稿人艾倫・科恩（Alan Cohen）說：「想要成長，就必須願意讓現在與未來，跟過去完全區分開來。你的過去並不是你的命運。」

再來，我開始鍛鍊自己的「拓展肌群」。在航空運輸史初期，巴克漢（A. G. Buckham）這位航空攝影先驅曾說：「**凡事謹小慎微，只會換來枯燥這項爛獎品。**」**如果你想成長和改變，就必須承擔風險**。

創新和進步往往是由那些推動改革的人所展開。美國益智節目《危險邊緣》（*Jeopardy!*）主持人艾力克斯・崔貝克（Alex Trebek）說：「你有沒有遇過坐得住且滿足於現狀的成功人士？他們渴望的是全新挑戰，想要起身行動……這也是他們會成功的一大原因。」

可惜的是，「創業家」這個詞對某些人來說，已經成了「賭徒」代名詞。但風險也有好處。冒險的人比不冒險的人學得更多更快，經驗的深度和廣度往往更大，還能學會如何解決問題，這些都有助於個人成長。

凡是做沒做過的事、挑戰自己的極限、踏出自己的舒適圈，就會迎來人生中拓土開疆的時刻，這需要十足的勇氣。但好消息是，這讓我們的成長超乎預期，也讓小說家喬治・艾略特（George Elliot）所說的話有了生命：「**成為實現自我潛力的人，永遠都不算太遲。**」

五、不僅回答問題，還要回答沒有想到的問題

美國人似乎愈來愈滿足於平庸。然而，本質上這並非全國性的問題，而是個人選擇了讓步。雖然說「我覺得差不多就好了」是個人的事，但平庸會因此在人群中擴散、轉移，直到整個國家陷入險境。

追求卓越似乎距離一般目標愈來愈遠。然而，那些遵循「橡皮筋法則」的人，把當下處境和可能潛力之間的張力，當作拓展自我的動力，藉此讓自己與眾不同。

傑克．威爾許與蘇西．威爾許在《致勝的答案》中提到，一位剛踏入企業界的年輕人問：「我如何才能快速致勝？」他們回答：

首先，忘掉你在學校學到的部分基本習慣。一旦出了社會，不管你是二十二歲還是六十二歲、展開第一份工作還是第五份工作——想要出人頭地，就要超越一般水準。

多年來，老師都教你要達到特定的期待，你已經被訓練成只要完整回答老師每個問題，就等於是有A+的表現。

這樣的日子結束了。為了在商場上獲得A+，你必須拓展公司對你的期待，然後再有超乎期待的表現，你不但必須完整回答「老師」問的每個問題，還得回答他們沒有想到的問題。

換句話說，你的目標應該是讓主管更聰明，讓團隊更有效率，讓整間公司因為你的活力、創

意和見地更具競爭力……

如果主管向你要一份公司明年產品展望評估報告，老闆肯定已經有了明確的答案。所以，不要只是必恭必敬地去證實他的直覺，還要做些額外功課、跑腿和資料分析，帶來真正能拓展他思維的東西……

換句話說，你的報告要讓主管倍感驚喜和敬佩，同時提供新鮮有趣的內容，讓主管可以向他的老闆彙報。假以時日，這些想法會推動公司前進，而你也會獲得升遷。

提升自己是幫助團隊的最佳方法。成功人士之所以與眾不同，是因為他們主動提出別人所需的改進。每當你進步，周圍的人也會受益。卓越像平庸一樣有向外擴散的潛力，群體的優缺點總是始於個人。你愈來愈好，其他人也會同步變好。

六、明天的你會比今天更好

人們一旦停止向外拓展，我認為就等於不再真正活著。我們可能仍在呼吸，生命跡象運作正常，但內心已經死亡，不再追求最大的可能。正如編輯詹姆斯・泰瑞・懷特（James Terry White）所說：「大自然到處都找得到對懶散的抗拒，凡是停止奮鬥或活動的生物，很快就會萎靡。正是為理想而奮鬥、更上一層樓的渴望，造就了氣魄與品格。」

我年紀愈來愈大了，表現不會永遠都處於巔峰狀態。但我打算繼續讀書提問、跟有趣的人交談、努力工作、接觸新的經驗，至死方休。太多人跟死了沒兩樣，只是還沒有斷氣而已！布拉茨拉夫（Bratslav）的納克曼拉比（Rabbi Nachman，編按：宗教領袖）說：「**如果明天的你沒有比今天更好，那迎接明天又有什麼用？**」因此，我拒絕放棄成長，以下文字歸納了我的想法：

我不在自己應該在的地方，
我不是自己理想中的樣子，
但我已經不是以前的我了，
我還沒學會如何達到目標；
我才剛學會如何堅持下去。

我要繼續向外拓展，直到完全發揮潛力。今天我是否成功並不重要，為什麼？因為可悲的是，許多人在嘗到成功的滋味後就停止成長。

管理大師彼得·杜拉克說過：「明天成功的最大敵人就是今天的成功，沒有人在獲得諾貝爾獎後，還能產生巨大影響。」無論成功是大是小，我都不希望自己被此牽絆。

七、縮小「良好」和「優秀」的落差

印度政治家聖雄甘地（Mahatma Gandhi）曾說：「我們所為與所能為之間的區別，就足以解決世界上大多數的問題了。」這正是「良好」和「優秀」的落差，而能否縮小落差則取決於我們向外拓展的意願。

「良好」的人都按照標準活著，所作所為都可接受，循規蹈矩又不惹事。但是如果他們依循橡皮筋法則，是否就能因此改變呢？跨過這個落差，你會發現自己變得「優秀」，充滿各種可能性，讓人取得非凡成就。他們的作為將超乎自己原先的想像，而且還會產生影響。何以如此？藉由不斷專注於下一次拓展的機會。他們一而再、再而三地離開舒適圈，拓展自己的潛能。

哲學家索倫．齊克果（Søren Kierkegaard）說過：「**可能性是上帝給的暗示，世人必須加以追求。**」這條可能性之路，就是上帝給我們改變現狀的機會。只要踏上這條路，就不再會問自己是誰，而改問自己能成為什麼樣的人。我們可能會感激昨天的作為，但是不會因此加以膜拜。**與未來的可能性相比，過去的一切看起來渺小。**展望未來讓我們充滿活力。我們對於羅伯特．路易斯．史帝文生（Robert Louis Stevenson）的話有所共鳴，他曾說：「做好自己並實現潛能，是人生唯一的目標。」

意義誕生於每個人的內心。如果我們願意拓展，那顆種子就能成長，直到在我們生命中結出果實。奇妙的是，我們內心的變化促使自己在周圍做出改變，我們的成長讓自己相信別人也能成長。當這點在環境中發生，每個人都在拓展與成長，那冷漠就會被改變所取代，我們就可以開始改變世界。

連飲食都在意的強棒選手

我最愛的體育界傳奇之一是泰德・威廉斯（Ted Williams），據說他是美國職棒大聯盟（Major League Baseball）歷史上首屈一指的打者。單一賽季超過〇・四〇〇的打擊率至今無人能及，他退役時共累積五百二十一支全壘打與職業生涯平均打擊率〇・三四四。據說，威廉斯光舉起球棒，就能分辨出是他平常握的三十四盎司重，還是輕了半盎司。他曾經抱怨過一批球棒握把的手感不好，就全部退貨。結果發現，那批球棒的粗度差了千分之五英寸。他準備揮棒時，光看球朝他飛來，就能憑球縫線的轉動判斷投球方式。他深愛棒球，方方面面都一絲不苟。在有生之年，他在打擊技巧上不斷學習、不斷拓展。

我最近讀了一篇故事，描述了威廉斯與波士頓塞爾提克隊（Boston Celtics）教練「紅頭」奧巴克（Red Auerbach）於五〇年代的會面。這兩位棒球界巨擘討論起棒球時，威廉斯問道：「你們在比賽當天都吃什麼啊？」

「為什麼想要知道呢？」奧巴克說：「你看起來飲食沒問題啊。」

「我一直都在找不同的方式求進步啊。」

奧巴克這樣評論威廉斯：「他都會想到很小的事，卻都是優秀與否的關鍵。當有出類拔萃的表現時，有些運動員就會志得意滿……但他已經是棒球界的強棒，卻仍想再更上一層樓。」

就像我讀過的其他運動員一樣，威廉斯也遵循著橡皮筋法則。他明白，一旦少了當下實力和真正潛能之間的張力，成長就會隨之停止。對大多數人來說，隨著時間流逝，他們失去了能刺激成長的張力——獲得成功後尤其如此。但張力的減少會降低生產力，拖累原本能發揮潛力的成長。值得注意的是，威廉斯身為打者，卻從未失去這個張力。他從棒球界退役許久後，依然跟任何有興趣的人聊著擊球技巧。他不斷學習，持續分享所學。我們都應該努力向他看齊。

一、你的人生有哪些領域失去了拓展的渴望、已經滿足現狀？無論它們是哪些領域，你都需要找到內在動機，再度找回向外拓展的張力。善用內在的不滿督促自己前進。你在哪些方面沒有發揮潛力？哪些能力所及的目標還沒實現？你養成了哪些習慣在阻礙進步？哪些過往成就已停滯不前？記住，改變是成長的關鍵。運用你對現狀的不滿，開始在停滯的領域邁步向前。

二、藉由不斷重新設定中期目標，保持現狀和潛能之間的張力。如果目標太近，快速實現時就會失去張力；如果目標太遠，就會顯得太困難而無法實現，令人失去動力。

你保持張力的正確時程是什麼呢？三個月？六個月？還是一年？你得根據自己的個性設定目標，然後在期滿時重新審視，目標要剛好在你能達到的範圍內——不會太容易，但也並非不可能，其中的拿捏是門藝術，但會為你的人生帶來龐大益處。

三、如果你需要宏遠的目標，才能不斷向外拓展，就思考如果你成為理想中的樣子，可以採取什麼有意義的行動。大膽做夢，把夢想當成一生追求的目標。

| 11 |

取捨法則
你得先放下才能拿回想要的

一般人寧願死守著欠佳的生活方式，
也不願意為了改善現況而改變，只因為怕改變後一切更糟。
——艾瑞克・霍夫（Eric Hoffer，美國作家）

你需要什麼才能更上一層樓？願景嗎？沒錯。認真工作嗎？當然。個人成長嗎？答對。那需要放棄某些珍愛的東西嗎？是啊，而且信不信由你，這些往往都會阻礙進步，即使是已經有些成就的人也一樣。

你剛展開個人生涯時，為了成長而放下並不難，甚至會願意為了單一機會放棄一切。為什麼？因為你所謂的「一切」根本不值一提！但是當你開始獲得部分成果，像是喜歡的工作、不錯的薪水、自己的房子、融入的群體、安全感等，又會有什麼決定呢？你願意為了可以發揮潛力的機會，放棄這些既有事物嗎？

成功的可能與失敗的恐懼

最近，我讀到一位企業家的故事。他體認到，為了更加成功、發揮潛力，必須要做出取捨。他的父母都是貧困的勞工，辛勤工作又省吃儉用，他自己半工半讀完成學業，並取得數學系的學位。出社會的第一份工作是在政府單位，但他很快就踏入商場，替可口可樂公司工作，他父親在裡頭擔任司機。身為經理的他，認為自己在可口可樂的職涯會受限，因為他猜自己在別人眼中永遠都是司機的兒子，不會因為自己的優點得到肯定。所以，他一獲得品食樂（Pillsbury，編按：穀物和其他食品生產商）公司總部的工作機會，二話不說立刻答應，隨後便搬到明尼蘇達州。

在可口可樂時，他就認識了品食樂的主管，那位主管告訴他，公司正面臨艱難的挑戰，如果沒有克服難關，所有人都得另謀出路，但他並沒有因此卻步，他說：「我的動力向來是來自成功的可能，而不是失敗的恐懼。」[1]他認真工作，希望在四十歲前升任副總裁。

他在品食樂從經理做起，不久就被拔擢為部門處長，再升任資訊管理系統的資深處長，最後成為公司系統部門的副總裁，主要職責包括督導品食樂全球總部的興建。該總部位於明尼阿波利斯市（Minneapolis）中心，共計四十層樓高，是雙塔辦公大樓。他不但提前完成這項建案，最後經費還有剩餘。

年僅三十六歲的他就提前四年達成目標，在三十六樓有一間視野絕美的辦公室。他實現了自己的夢想，而且遠遠超越當初卑微的出身。但他沒有因此就自滿，他寫道：

> 我當時三十六歲，很幸運能夠迅速累積這麼多成就，但在那時，我明白自己必須把眼光放得更遠。因此我開始想像，假如自己真的成了經營一家企業的決策者，那會有多刺激啊……！於

> 是，我在品食樂當了幾年的系統暨服務部門副總裁後，深知自己得有更遠大的夢想：去某個地方當某家公司的總裁。[2]

如果他繼續走當時的路，就永遠當不了品食樂的總裁。他的問題在於，雖然一直都很成功，又以傑出能力善盡每一項責任，卻從來不需要對盈虧負責。他有什麼打算呢？又要如何實現夢想？

從公司副總裁到煎漢堡排

他跟品食樂的營運長討論了自己的情況，得知可能的解決方案：前往品食樂一家子公司——漢堡王任職。轉換跑道固然有其發展潛力，但也意味著要做出艱難的取捨。他說：

> 我去了漢堡王，就代表會失去辛苦得來、眾人垂涎的副總裁頭銜，薪水大不如前，損失大量持股，從頭開始學習。而如果我成功了，就可能會獲派到美國另一頭，徹底翻轉現有的一切。[3]

換句話說，他的人生會天翻地覆。但取捨法則就是這麼回事：**如果想充分發揮潛力，就必須願意放棄部分自己看重的事物。**

他做出這項決定時，也問自己這樣做是否會更接近他的夢想——成為一家公司的總裁。「那時我並沒有思考一些搞錯重點的問題，像是：新工作多困難？或是如果朋友看到我在速食店做火腿漢堡會怎麼想？如果新工作最後沒有想像中順利，我該怎麼辦？」[4]

他做出了取捨、接下新工作，然後完全投入其中。前往漢堡王大學（Burger King University）受訓，同學包括一群剛畢業的大學生，以及可望成為副理的餐廳員工。他是其中的「老傢伙」。他學會了整套的工作流程，包括煎烤肉排、製作華堡和顧收銀台，還有每個步驟之間的大小細節。培訓結束後，他成為了第四名副理，距離他曾經擔任副總裁的辦公室，只有十五分鐘車程。

他在費城的漢堡王從副理一路升任店經理、區經理和副總裁。這條路實屬不易，遭遇了許多挑戰，公司內有些同事不想看到他成功。但他堅持不懈，終於達成目標。「回想起來，」他說：「我在漢堡王遇到種種意料之外的難關，到頭來可能都是為了夢想鋪路。如果起初我就預料難關，可能就看不到自己的夢想了。」[5]

最後他實現當總裁的夢想了嗎？答案是肯定的。從品食樂總部辦公室換到漢堡王工作的四年後，他獲邀接管品食樂剛收購的「教父披薩」（Godfather's Pizza），該公司當時已經搖搖欲墜。如果你還沒猜到，這位企業家就是赫爾曼．凱恩（Herman Cain）。儘管他後來競選總統失利又飽受許多批評，但如果你看看他的人生和事業，就會發現他懂得取捨法則，經常為了成長而放下重要的事物。

取捨人生，你必須知道的真相

人生有許多十字路口，充滿起起伏伏的機會，我們在這些十字路口做出選擇，可以替人生做出加法、減法的決定或交換自己沒有的事物。成功經驗豐富的人懂得適時在其中進行三選一，以下提供部分見解，希望幫助你了解取捨的意義、發現取捨的契機，藉此鞏固自己的優勢。

拿出你擁有的提出交換

我第一次學會取捨法則是在小學，只是當時並沒有使用這個名稱。那時，我好喜歡打彈珠。有時，我們會在午餐和休息時間打彈珠。努力取得勝利，拿走朋友最棒的彈珠，好玩到不行。

一名朋友有顆又大又漂亮的貓眼彈珠，我非常想要拿到，但他不肯拿來玩，只願意拿出來給我們欣賞，害我一直沒機會贏回家。所以，我擬定了一項策略，提議以物易物。首先，我願意拿自己的任何一顆彈珠來換，他無動於衷。我又說願意用兩顆彈珠交換，接著是三顆、四顆，直到我說要拿七顆來換時，他終於答應了，並且很高興自己拿到了七顆彈珠。我也很高興，因為用幾顆普通的彈珠，就換來一顆漂亮的彈珠。

每個人終其一生都在取捨，不管他們是否有所察覺，問題是取捨的結果是好是壞。整體來說，我認為……

失敗者拙於取捨。
普通人鮮少取捨。
成功者善於取捨。

我估計自己活到現在，已經做出了二十多次有意義的取捨，過去三個月內就有兩次！我在六十四歲時開始意識到，如果我想繼續成長，努力發揮內在潛力，就必須不斷做出有意義的取捨。我不再取捨時，就會進入生命的死胡同，那時成長就結束了，屆時黃金歲月離我而去，未來再也看不到潛力。

面臨取捨，先問自己兩個問題

我們所做的選擇，最能在成功者和失敗者之間造成落差。一般人太常搬石頭砸自己的腳，只因為在人生的十字路口做出不好的選擇，或者因為害怕而拒絕選擇。但務必記得，**雖然我們無法每次都能實現願望，但我們絕對有所選擇**。

每當我面臨取捨的契機，都會問自己兩個問題：

這次取捨的利弊是什麼？

每當你對人生十字路口的反應，都是出於恐懼而不考慮其價值，等於白白浪費了潛在的機會。藉由找出任何選擇的優缺點，有助於我克服這類恐懼。在面對殘酷的事實時，發現自己容易高估自己擁有事物的價值，而低估了放棄後可能收穫的價值。

單純體驗改變，還是在改變中成長？

良好的取捨無須默默忍受，忍受只是反映消極心態，代表「我希望一切順利」。相反地，正向的取捨應該視為值得把握的成長契機。畢竟，我們因為取捨而進步。在改變中成長時，我們會變得積極主動，掌控自己的態度和情緒，成為自己人生中正向改變的種子。

作家丹尼斯．魏特利說：「你坦然接受自身決定伴隨的獎勵和後果時，就是智慧和成熟的表徵。你要對自己的人生負責，成功與否取決於你的選擇。」我同意這個觀點，多年前就下定決心，自己絕不要活得畏畏縮縮，也不要自認是受害者，更不要把未來交到他人手上。他人單純體驗人生，我選擇在人生中成長。這就是我的選擇，我不會向任何人屈服。

關鍵——改變的意願與時機

我經常聽到有人希望事情出現轉機，這種時刻我只想告訴他們，**當前處境與理想樣貌之間的差異，取決於我們願意做出的人生改變**。你想要從未擁有的事物時，就必須做從未做過的事來爭取。否則，你只會一直得到相同的結果。

我們人生的改變，往往始於願意改變的個人。這通常並不容易，但為了讓自己渡過難關，我們需要記得……

改變屬於個人——想要改變人生，自己需要改變。
改變絕對可能——每個人都可以改變。
改變帶有好處——改變時會得到回報。

改變並非永遠容易，但必定可以做到。正如心理學家、猶太大屠殺倖存者維克多．法蘭克（Viktor Frankl）所說：「**我們無法改變情況時，挑戰就成了改變自己。**」只需要記得，自己就是關鍵。

改變的意願至關重要，改變的時機同樣關鍵。

為了改變而改變，只會帶來痛苦。
太早改變可能造就成功，但實行起來困難。
適時改變會帶來勝利。
太晚改變會導致損失。
拒絕改變會扼殺潛力。

一九七八年，我經歷了極為艱難的個人改變。當時，我發現自己處於人生的十字路口，發覺講者助人能力非常有限。我的觀眾有多少，影響的人就有多少，因此我決定寫書。問題是，我從來沒寫過書，也不知道怎麼動筆。我發覺得付出很多時間和精力才能成為作家，但我願意放手一試。

我花了幾十個小時採訪作家、上課、參加會議和聽錄音帶，也花了數百個小時撰寫和修改內容。整個過程長達一年，而我只拿得出一份小小的百頁手稿，遭到許多家出版社拒絕，好幾次我問自己：「這麼費盡心力真的值得嗎？」

最終，一切心血有了成果，我出版了第一本書《成事在於心志》（*Think on These Things*）。我因此充分發揮潛力了嗎？沒有，但這本書讓我走上發揮潛力的道路，因為我成長了。完成一本書給了我繼續寫作、學習和進步的動力。時至今日，我已經寫了超過七十本書，銷售量突破二千一百萬冊。但如果我不願意做出必要的困難改變，絕對會連一本書也賣不出去，也不可能觸及至今有機會幫助的人。

真正的難關，先失後得

不久前，我在兒子喬爾家中，看到三歲孫子詹姆斯（James）嘟著嘴坐在洗衣間。他在等自己的毯子烘乾，因為毯子在烘衣機裡，他沒有東西可抓，所以很不開心。

我們跟詹姆斯很像。想要改變，但不想等待結果。我們常常會深刻意識到自己在取捨中的損失，因為那是立即的感覺，卻往往得等上幾天、幾星期、幾個月、幾年甚至幾十年才會從中獲益。

這段過渡期可能才是真正的難關。我們想要結果，但必須面對喜歡事物的結束，忍受期盼新開始之前的不確定感。這種改變感覺像是損失。有些人會善加處理不確定感，有些人沒有辦法。有些人很快就能克服改變帶來的心理壓力，順利消化這個過程，有些人則沒有辦法。這部分取決於個性，部分取決於態度。你無法改變自己的個性，但可以選擇擁有正向的態度，並專注於取捨帶來的好處。

你可以隨時開始

人生有許多可以隨時做出的取捨。例如，戒除壞習慣、獲得好習慣，只要我們下定決心即可。無論是獲得適當的睡眠、運動代替懶惰、養成更好的飲食習慣以改善健康等，我們都可以主動選擇，而不是等待機會上門。愈早做出這類決定當然愈好，但大多數情況下，這類決定都不是基於時間早晚。

一般人取捨出錯後會感到恐慌，覺得自己搞砸了，再也無法站起來，但事實鮮少如此。大多數時候，我們可以做出選擇幫助自己重回正軌。我知道自己就是如此。我做過許多事後懊悔的取捨，但也有多次一百八十度大轉彎，重新站穩腳步。

卡爾．巴德（Carl Bard）寫過一首詩我非常喜歡，描述錯誤決定後做出正確決定的力量：

雖然沒有人可以回到過去、

打造全新的開始，但朋友啊，
任何人都可以從現在開始，
打造全新的結局。

所以就選擇來看，絕對不要說永遠不可能。「永遠」既漫長又不可靠，人生中充滿了各式各樣的可能性，很難有這樣的限制。

有些取捨錯過不再

改變的循環給予我們做決定的機會，有時只會出現一次，錯過機會就消失了。英特爾（Intel）前董事長暨執行長安迪・葛洛夫（Andy Grove）指出：「任何一家公司的歷史，都至少曾有一個時間點必須大幅改變，才能提升績效水準，一旦錯過就會開始走下坡路。」

幾年前，我就嘗過這種滋味。十多年來，我最想見到的人是前南非總統曼德拉（Nelson Mandela）。過了好幾年，我終於成功安排好會面，可以與他共度一天。但約定日子接近時，曼德拉先生不幸摔傷髖部，不得不取消會面。我本來可以改變行程，前往他的落腳處相見，但得先取消在肯亞的演說，我不願意做出這樣的取捨，因為我已事先做出承諾。由於曼德拉先生年事已高，因此我可能永遠沒機會跟他見面了。

爬得愈高，愈難放下

如前所述，如果你跟大多數人一樣，剛展開新生活，其實沒什麼可以拋棄。但是你愈往上爬、逐漸累積人生的美好事物時，取捨就需要付出更高的代價。美國前國務卿亨利．季辛吉（Henry Kissinger）說：**「每次成功只是換來更大難題的入場券。」**

身處谷底時，人們會因絕望而做出取捨，也有強烈的改變動力。向上攀爬時，我們只在有靈感時改變。身居高位，許多人不再需要改變，生活變得安逸。因此，我們不再進行取捨。

成功的一大危險，就是讓人不再虛心受教。許多人容易用成功當作停止成長的藉口，開始相信自己有了足夠的成功知識，輕鬆度日。他們把創新和成長換成一套公式，一次又一次照表操課，還會說：「成功還有什麼好爭辯的。」但他們錯了。為什麼？因為讓你成功的那些技能，可能並不是未來目標所需的技能。今日，一切都在迅速變化，這點顯得尤其真實。五年前（我開始寫本文時），推特（Twitter）還不存在，想想現在推特等社群媒體對文化和企業的影響。二〇〇七年前，iPhone還不存在，現在把這種高性能的電腦暨通訊設備放在口袋內已屬正常。無論你目前為止有多成功，都不可能「原地踏步」。如果你想繼續成長和學習，就需要不斷地取捨，也會因此付出成本。

最後，我們進行取捨時，其實是用一部分的自己交換另一部分的自己。作家暨思想家亨利．大衛．梭羅說過：**「任何事物的價格，就是你犧牲的人生長短。」**你犧牲人生的一部分獲得回報。這也許並不容易，卻實屬必要。

選擇絕對會帶來改變

商業書籍作者路易斯．布恩（Louis Boone）主張：「不要因為害怕失敗而拒絕嘗試新事物。人生最可悲的結論有三種：『本來可能……』、『說不定會……』和『早知道就……』。」我們都有選擇的權力，但每次做出選擇時，選擇就對我們產生影響，改變我們。即使是錯誤的選擇，最終也能幫助自己變好，因為我們的思路得以釐清，進而看到真正的自己。

教授暨小說家C．S．路易斯寫過一本書名叫《夢幻巴士》（*The Great Divorce*）。據說，他之所以把「divorce」（離異）放進書名，是因為信仰需要選擇。如果我們真正檢視自身信仰，就必須決定自己想要站在哪一邊，而選擇會讓我們脫離曾經緊握的事物。所以無論我們選擇什麼，最後都不再是選擇前的自己。

人生中無法交換的事……

我完全支持人生中的大小取捨，也把取捨當成一種生活方式。但我的人生並非一切都可以拿來取捨。我不願用婚姻換取事業、不願為了名利犧牲自己跟兒孫的關係、不願為了任何人事物放棄自我價值觀。這些取捨只會帶來後悔，而且往往難以釋懷。

取捨失敗最顯著的例子，也許當屬在聖經中雅各（Jacob）和以掃（Esau）的故事。以掃身為長子，繼承了父親以撒（Isaac）一切的優點：長子權、福氣和大部分財產。但後來，他卻把這些全賣掉，只為了填飽肚子：

有一天，雅各正在煮湯。以掃從田裡回來，餓得要命。以掃對雅各說：「那鍋紅湯給我吃點，我快餓死了。」這正是他為何被稱作以東（Edom，意為紅色）。

雅各說：「來交換啊，我用湯跟你換長子權。」

以掃說：「我快餓死了！如果我死了，長子權又有什麼用？」

雅各說：「你先向我發誓。」他真的發誓，賣掉他身為長子的名分。雅各則給了他麵包和豆湯。他又吃又喝，隨即起身離開。以掃就此放棄他身為長子的權利。[6]

我相信，大多數進行這種可怕交換的人，當下都沒發覺行為的後果，往往事後為時已晚。因此我認為，務必要建立系統、劃清界線來保護我們的安全。例如，我給予瑪格麗特否決我行程的權利，以避免我花太多時間在工作上。我也盡量避免跟家人以外的女性獨處。每天都花時間祈禱，確保個人價值觀是人生的核心。我強烈建議你做出選擇，運用系統，好讓自己腳踏實地，走在正軌上。

該奮鬥還是放棄？五大方針做決定

到目前為止，你在人生中做過哪些取捨？你思考過嗎？有沒有擬定方針來決定奮鬥目標，以及該放棄的事物？容我分享五個我深思過的取捨，可能有助於你建立自己的方針：

一、放棄今天的財務安全，換取明天的潛在機會

醫生暨作家喬治・克蘭恩（George W. Crane）說過：「**任何工作本身都沒有未來。未來取決於掌握這份工作的人。**」我一直相信這是真理，因此願意把賭注押在自己身上，經常接受財務風險或減薪，追求我心目中認為的大好機會。

至今我有過七次重大的工作轉換，其中五次都拿低薪。第一次發生在我選擇首份工作時，那時剛大學畢業，兩間教會邀請我領導他們的會眾。一間提供全職薪水，一間沒有全職薪水。我選擇了沒有全職薪水的教會，因為我相信自己會有更多成長（也因為瑪格麗特願意工作養家！）。第二份工作是一九七二年時，替一家大型教會工作，薪水優渥許多。之後換的所有工作，只有一次賺到錢——那時已經是二〇一〇年了！

為什麼我換工作都願意接受低薪？因為對我來說，**機會比安穩更重要**。我知道自己會努力工作，而從長遠來看，可以獲得賺更多錢的能力。正如我朋友微軟（Microsoft）營運長凱文・特納（Kevin Turner）所說：「**我們唯一擁有的工作保障，就是我們對個人發展的堅持。**」這類取捨絕對會換來回報。

二、放棄當下的滿足，換取個人成長

我是非常樂觀的人，喜歡享受生活。如果你認識小時候的我，可能會猜我的人生不會多有出息。以前的我沒什麼用，滿腦子只想打球，還有跟朋友們鬼混。但隨著心態逐漸成熟，我明白了歌劇演員貝佛利・希爾斯（Beverly Sills）所說的：「值得追求的目標都沒有捷徑。」當下的滿足和個人的成長並不相容。

我的朋友戴倫・哈迪在《複利效應》一書中，描述了多數人在權衡一時的滿足和從事真正利己的事時，內心所經歷的拔河：

> 我們知道狂吃夾心餅乾（Pop-Tarts）不會讓腰圍變細，也知道每晚看三小時《與星共舞》（*Dancing with the Stars*）和《重返犯罪現場》（*NCIS*），就少了三小時讀本好書或聽段精彩演說的時間。我們「明白」單純購買高級跑步鞋，不等於準備好跑馬拉松。我們都會說服自己，人類是「理智」的動物。那為什麼我們如此不理智，被一大堆壞習慣所束縛呢？這是因為我們對當下滿足的需求，可能害我們成為最被動又不會思考的動物。[7]

就成長和成功來說，當下的滿足幾乎百分之百是成長的敵人。我們可以選擇縱容自己，然後成長卡關，也可以選擇延後滿足，先讓自己成長。這是我們的選擇。

三、你有沒有「利用價值」？

我們活在崇拜影視明星的文化中、夢想住進奢華豪宅、過度美化旅行、玩樂透，希望總有一天能體驗其推崇與仿效的求快生活。但這大部分都只是假象，就像雜誌封面修過圖的模特兒照片，並不貼近真實。

這就是為什麼我放棄求快人生，換取美好人生。什麼是美好人生？理查．萊德（Richard J. Leider）和戴夫．夏皮羅（David A. Shapiro）合著的《你的人生有多重？》（*Repacking Your Bags*）一書中，提出美好人生的準則。他們說，美好人生就是「活在有歸屬感的地方，身旁有你愛的人，肩負使命做對的工作」。[8]這段話說得很棒。我還要補充傳教士史懷哲（Albert Schweitzer）的話：「**成功的最大祕訣，就是**一**生都要當有利用價值的人**。」為了不讓自己「沒有利用價值」，我努力拓展自己的能力，從而在人生中撐出餘裕。

如果你想在人生中拓展能力和餘裕，我有以下幾點建議：

- 把任務交辦下去，工作才會更有效率，而不光是埋頭苦幹。
- 做你擅長的事，其餘可以放下。
- 主導自己的行程，不讓他人代勞。
- 做你喜歡的事，從中得到活力。

◆跟喜歡的人共事，避免浪費力氣。

如果你做到以上幾點，同時肩負著使命，在對的地方、跟你喜歡的人、做對的事，就會展開美好人生。

四、放棄安穩，換取人生意義

我有許多朋友的人生目標是獲得安穩，包括情感安穩、體檢安穩和財務安穩。但是我認為，進步與否不應該依照安穩來衡量，而是應該用意義來衡量。這就需要成長。永遠打安全牌，只能待在無聊的地方。

大多數人都能自力更生，這就屬於安全牌。而真正有意義的事，是發揮影響力。**歷史上的偉人之所以偉大，不是因為他們掙來或擁有的東西，而是因為他們付出生命的成就。每次取捨都是一種挑戰，可以成為真正的自己**。如果取捨得宜，就可以創造機會幫助他人做自己。這就是人生的意義！

五、放棄單純加法，換取加乘效果

我以成功者的身分展開職涯，總是精力充沛，從事自己喜歡的工作便躍躍欲試，向來不需要太多的睡眠。所以我全身心投入工作，也有幫助別人的動力。我一開始的態度是：「我可以幫助他人做什麼？」但那只是加法。我開始學習領導力時，問題變成：「我可以借助他人完成什麼？」這是加乘效果。

我投入時間、精力和資源最多的地方就是EQUIP。這家由我創立的非營利組織，在全球各地開設領導力課程。為了與他人結盟、幫助更多的人，我們都會問自己：

如果一家領導力公司每天達到以下目標，會發生什麼事呢？

- 努力提升領導者和組織的價值；
- 重視夥伴關係並積極追求合作；
- 與他人分享資源與知識不藏私；
- 不在乎功勞最後歸誰；
- 成為幫助他人的涓涓細流，而不是囤積財富的私人水庫。

答案就是加乘效果！時至今日，EQUIP已經在全球一百七十五個國家培訓了五百多萬名領導者。取捨的結果十分值得。

如果你還不認為自己是領導者，我想鼓勵你探索自己的領導潛力。即使你是個人成長的老手，懂得大幅提升自己的技能，只要學會如何領導，就可以強化在生活中的影響力。然而，如果你認為自己沒有領導的才華，可以考慮成為導師。你在別人身上的投資會產生加乘效果，絕對不會後悔自己付出的時間。

大多數人在人生旅途中，拚命背負了過多東西，只希望繼續增加而不願意放下。你不可能面面俱到，每天的時間不會變，你早晚會達到極限。另外我們務必記住：如果什麼都一樣，改變就不會發生！

我們可以從跳棋遊戲學習取捨的藝術。有人說過：棄一棋、吃兩棋；一次不要動兩步；上移不下移；到達對面就可以自由移動。[9]如果你想發揮自己的潛力，就要做好取捨的準備。正如作家詹姆斯・艾倫所說：「少有成就，便少有犧牲；欲有所成就，必有所犧牲。」

取捨法則的生活應用

一、寫下你自己的取捨原則清單，可以先使用本章列表刺激靈感：

- 我願意放棄今天的財務安全，換取明天的潛在機會。
- 我願意放棄當下的滿足，換取個人成長。
- 我願意放棄求快人生，換取美好人生。
- 我願意放棄安穩，換取人生意義。
- 我願意放棄單純加法，換取加乘效果。

想想你曾做過的取捨中有哪些真正值得，即使在未來仍然有其價值。同時思考，你可能需要什麼來發揮潛力，又需要放棄什麼來加以實現。

二、對你來說，知道自己不願意放棄什麼，跟確定自己願意放棄什麼，兩者同樣重要。想清楚人生中哪些事沒得商量，逐一列出來，並找出每項最大的潛在威脅，以及需要採取哪些安全措施加以捍衛。

三、你現在需要做出什麼取捨，卻一直不願意面對？大多數人都會在適應後，學會跟限制或障礙妥協，但其實可以用取捨來消除限制。你接下來需要做出什麼取捨？必須放棄什麼才能有收穫？

| 12 |

好奇法則
最終贏得勝利者——常問「為什麼?」

有些人只看到眼前的事物,好奇為何如此;
有些人則夢想從未存在的事物,好奇為何不是如此。
——喬治·蕭伯納(George Bernard Shaw,劇作家)

就讀大一時,我選修了心理學入門,班上每個人都得參加創造力考試。令我吃驚又沮喪的是,我的分數在班上只能墊底。你可能會這麼問:那又有什麼好難過的?很多人都不太有創造力啊。問題是,我知道自己將以演講維生,最糟糕的莫過於成為無聊講者。我要如何克服生涯發展這項潛在障礙呢?

我仰賴著自己擁有的另一項特質:好奇心。從懂事以來,我就是好奇心旺盛的人。青少年時期,我跟朋友們在很多方面都極為類似,只有一點不一樣:他們喜歡睡懶覺,但我每天都很早起。我老是擔心如果待在床上,就會錯過好玩的東西!現在想想,這實在很好笑,因為我住在俄亥俄州中部的小鎮上,幾乎沒有新鮮事發生,哪有什麼好錯過的事呢?然而,這個習慣讓我跟同儕有所不同。

我開始運用這項天生特質蒐集佳句、故事和點子。我心想:「避免無聊的最佳方法就是引用有趣的人所說的話。」我開始尋找趣味橫生、巧妙又勵志的點子。猜猜幾年後有什麼轉變？我開始探究為什麼這些說法和故事如此好玩。為什麼討喜？為什麼讓大家捧腹大笑？為什麼如此有創意？為什麼會讓人產生共鳴？過沒多久，我就開始從語錄中學習，並運用同樣的方法使自己的點子更生動、更令人難忘，我的溝通能力因此更上一層樓。更棒的是，這也刺激了我的成長和發展。

你多久沒問「為什麼」？

我的好奇心是與生俱來的嗎？還是後天灌輸的？我不知道答案，但可以確定的是，我一直保有好奇心，畢生都在餵養好奇心。這點至關重要，因為我相信，好奇心是終身學習的關鍵，如果你想繼續成長與發展，就必須不斷學習。

好奇的人對知識有強烈的渴望，對人生、群眾、想法、經驗和事件都深感興趣，持續想要學習。他們一再地問為什麼，好奇心是自我學習的主要催化劑。長保好奇的人，不必等人鼓勵才去問問題或探索，因為他們都直接行動，而且始終積極。他們知道，探索過程和發現本身一樣刺激，因為過程中會學到很多美妙的事物。

好奇心幫助一個人思考和拓展可能性，超越平常的範疇。「為什麼？」這個問題能激發想像力、導向全新的發現、開啟不同的選擇，帶領我們跨越平凡，走向非凡的人生。常言道，船到橋頭自然直，但有人說過：「單憑想像力就先過橋的人，才是這個世界的主宰。」我認為正因如此，曾獲諾貝爾獎的物理學家愛因斯坦（Albert Einstein）才會說：「凡是意義深遠的改變，都在你的想像中誕生，而後向外擴展。」愛因斯坦的種種重大發現，都是歸因於他豐富的好奇心，而好奇心和想像力也是他自恃的兩大優點。

培養好奇心的十大方法

我喜歡有好奇心的人，也喜歡跟他們相處聊天。他們對知識和學習的熱情深具感染力。我常納悶，為什麼有愈來愈多人對事物不感好奇。太多人看起來都漠不關心，為什麼他們不問「為什麼」？有些人天生就缺乏學習的渴望嗎？抑或有些人只是內心懶惰？還是對有些人來說，生活愈來愈平淡無奇，所以不在乎活得一成不變，日復一日做同樣的事？這些人可能「喚醒」腦袋與好奇心，讓成長自然發生嗎？

我衷心希望如此，也抱持此一信念，所以提筆寫下這章，再列出以下十項培養好奇心的建議。

一、相信自己可以發掘好奇心

許多人腦袋淨是自我設限的信念，缺乏自信或自尊，導致心生障礙，限制了思考的方式和內容。結果呢？他們無法發揮潛力——不是因為他們缺乏能力，而是因為不願意拓展自己的信念，開闢全新天地。我們外在的表現必須跟內在的想法同步；**你不相信自己，就不可能發揮潛力**。但幸好，你可以藉由改變思維來改變人生。

讓自己保持好奇心。**好奇又不斷成長的人與不好奇又不成長的人之間，最大的區別就是好奇的人相信自己可以學習、成長和改變**。正如我在意向性法則一章中所說的，你必須追求成長。知識、理解與智慧都不會自己敲門，你必須主動出擊來獲得，而最佳方法就是保持好奇心。

二、保有初學者心態

你看待生活和學習的方式無關年齡，而是取決於態度。保有初學者心態代表想知道為什麼、想打破砂鍋問到底，同時表示心胸開闊和承認脆弱。如果你的態度像初學者，就不必維持形象，學習的渴望大於外表的呈現。你不會被成規或所謂標準思維影響。管理大師彼得・杜拉克說過：「**身為顧問，我最大強項就是當一張白紙，再提出幾個問題**。」這就是有初學者心態。

具有初學者心態的人，看待生活就像孩子般充滿好奇心，如同不停用問題煩媽媽的小女孩。最後，母親不耐地吼著：「我的老天爺，不要再有這麼多問題了，聽過好奇心害死一隻貓吧。」

孩子想了兩分鐘後又問：「那隻貓對什麼好奇呢？」

初學者心態的相反是臭屁鬼，自認是無所不知的專家。他們有很多知識、高學歷又經驗豐富，所以他們不再好奇或傾聽，而是開始滔滔不絕，給人答案。**一個人說的比問的多，肯定已經放慢成長的**

腳步，失去自我成長的火花。

三、問問題比給答案更重要

愛因斯坦說：「重要的是不要停止懷疑。好奇心有存在的理由。人在思考永恆、生命和現實奇妙構造的奧祕時，無法不心生敬畏。每天只要稍微設法理解這項奧祕就夠了。永遠都要保持神聖的好奇心。」保持「神聖的好奇心」的祕訣，就是不斷地問「為什麼」。

在擔任領導者的頭幾年，我以為自己要有問必答。無論別人問什麼，我都會給予方向、展現自信、清楚回答問題——無論是否真的清楚自己在說什麼！隨著心態逐漸成熟，我發現，**懂得成長的領導者更注重提出問題，而不是給出答案**。我問的問題愈多，團隊的成果就愈好，我便愈想問更多問題。如今，我逢人就有上前請教的衝動，成了會走路的發問機。

演說家暨作家博恩．崔西說：「激發創意思維的主要因子，就是聚焦問題。措辭得體的問題往往能直探核心，引發新的想法與見解。」大多數情況下，聚焦的問題開頭是「為什麼」，這真的有助於釐清議題。而提問的方式也很重要。具有受害者心態的人會問：「為什麼是我？」不是因為他們想知道答案，而是因為他們覺得自己很可憐。好奇的人提問是想找解決方案，這樣才能不斷向前、取得進步。

科學家暨哲學家喬治．克里斯多夫．利西藤貝爾格（Georg Christoph Lichtenberg）曾說：「獲得智慧的第一步是質疑一切，最後一步是接受一切。」這句話指出了持續成長的要義。多問為什麼、好好探索、評估你的發現、重複這個過程。這是很棒的成長準則。絕對不要忘記：知道所有答案的人，並沒有問對問題。

四、花時間跟好奇的人來往

你想到好奇心、成長和學習時，也會想到正規教育嗎？我認為在低年級時期，好奇心往往會受到鼓勵，但之後就不是如此了。多數正規教育會引導學生尋找答案，而不是尋找問題。你在就讀大學期間，有多少次聽到教授要學生把問題留到之後再問，讓他好好看完筆記，或完成教學大綱？重點通常放在資訊本身，而不是探究問題。

那你是否在企業界找到了開放又探究的態度呢？通常不會。大多數公司也不會試圖激發好奇心。傑瑞・赫許伯格（Jerry Hirshberg）在筆下的《創意優先》（*The Creative Priority: Putting Innovation to Work in Your Business*，暫譯）中寫道：

> 公司裡沒有任何人會蓄意扼殺創意思維。然而，傳統的官僚結構需要可預測性、線性邏輯與遵守公認標準，以及近來「長期」願景的要求，幾乎完全扼殺了好點子。群體成員退回熟悉又規範明確的舒適圈，就連有創造力的人也不例外，畢竟此舉更為容易，可以避免模糊地帶、對不可

預測性的恐懼、陌生環境的威脅，也可避免直覺與人類情感帶來的混亂。[1]

那要如何培養好奇心又刺激成長呢？你得找到同樣有好奇心的人。

幾年前，我和瑪格麗特去約旦度假。我們熱愛歷史和藝術，多年來聽過也讀過許多佩特拉（Petra）的故事，那是座用砂岩雕刻而成的古城。如果你看過《聖戰奇兵》（*Indiana Jones and the Last Crusade*），可能還記得石頭上刻著通往藏有聖杯的通道，電影那一幕就是在佩特拉的財政部外頭所拍攝。

參觀佩特拉時，我們步行了好幾英里。當時，我需要做膝關節置換手術，走路時十分吃力又疼痛。到了午餐時分，我已經筋疲力盡，膝蓋疼痛難耐。用餐時，導遊告訴我們，還有個美麗的岩刻可看，只是在另一座山頭，但我們必須自行前往。

大多數人選擇不去，他們跟我一樣累壞了。我也表示無意前往。但當我們坐下來吃午餐，少數要前往的人準備出發時，我開始動搖了。他們既好奇又興奮，逐漸感染、激勵了我。我的好奇又湧上心頭，不能忍受自己錯過美景，所以跟瑪格麗特決定加入他們。我們花了一小時上山、兩小時下山，但結果證明十分值得。我甚至不介意晚上都待在飯店房間泡腳。好奇寶寶絕對能感染身旁的人。想要培養好奇心並加以保持，實在少有比這個更好的方法了。

五、每天學點新東西

保持好奇心的另一項良方，就是每天一起床，要下定決心學點新東西、體驗不同的事物，或者認識新朋友。這需要三項條件。首先，起床時你得抱持對新事物開放的態度，必須把這天當成充滿學習的機會。

第二，整天下來，你必須眼觀四面、耳聽八方。失敗的人多半逆來順受，不去理睬發生的事，單純只想咬牙撐過；成功的人多半把握當下，專注內在，忽略外在干擾；成長的人則專心致志，同時保持敏銳和覺察力，隨時可以面對全新體驗。

第三項條件是反思。如果看到新東西而不費心思考，無法帶來什麼啟發；聽到新知識卻不加以應用，也不會有任何好處。我發覺學習新東西最棒的方法，是在一天結束時問自己問題，促使你思考學到了什麼。多年來，我習慣回顧每一天，挑出其中的精華咀嚼。別忘了，**經驗不是最好的老師，省思過的經驗才是**。

六、分享失敗

一個人只要保持好奇心又不斷成長，看待失敗的方式便截然不同於缺乏好奇心的人。大多數人把失敗、犯錯和疏失視為軟弱的表現，只要失敗就說：「我絕對不會重蹈覆轍！」但是懂得成長的人把失敗視為進步的跡象，明白不斷嘗試的過程中，偶爾失敗在所難免，只是探索之旅的一環。因此，他們把失敗當成朋友。

失敗成了朋友時，你不會問：「我要如何避免失敗的經驗？」反而會問：「為什麼會發生這種事？可以學到什麼教訓？我如何才能從中成長？」結果，你失敗得快，學得也快，不久便能再度嘗試，從而造就成長與未來的成功。

七、停止尋找正確答案

我的個性會不斷尋找各種選項。然而，我知道有許多不同個性的人，遇到問題都會想找唯一的正確答案。信不信由你，那就是問題所在。這些只找「標準答案」的人，無法置身於學習與成長的最佳環境。為什麼？因為，任何問題絕對不只一個解決方案。如果你相信單一的標準答案，可能是找不到其他答案而灰心，又或者是你以為已經找到答案，就不再探索其他可能，因而錯過更好的辦法。另外，你找到心目中的正確答案時，就會變得自滿。**沒有完美的點子，再高明都有改進的空間**。

你可能聽過這句話：「東西沒壞就別修。」（If it ain't broke, don't fix it.）致力於個人成長的人，絕對不會說出這句話。如果這是你過去的心態，我建議你改為培養提問的心態，以下面問題取而代之：

- 東西沒壞，我們要怎麼加以改善？

◆東西沒壞，未來何時可能真的壞？
◆東西沒壞，但世界在變，又能用多久？

具備好奇心的人不斷問問題，結果就是持續學習。

幾年前，我賣掉了幾間公司，把精神與時間集中在寫作和演講。但一陣子後，便感到心灰意冷。我發覺自己多年來研發的資源，無論是幫助他人成長、發展或學習領導力，都沒有發揮預期中的影響。所以二〇一一年時，我把課程全部買回來，成立約翰麥斯威爾公司，以便再次主導整個過程。

我興奮不已，因為我很愛自己的團隊，規模小、速度快、專注力高又才華洋溢。我把一切都交到他們手上，讓他們放手去做。我告訴他們，希望他們每天一早來上班時，都要相信自己負責的每件事都有更好的做法，並且下定決心找出能幫助自己學習的貴人，準備好把事做得更好。而他們確實在執行！

《當頭棒喝》（*A Whack on the Side of the Head*）一書作者羅傑・馮・歐克（Roger von Oech）說：「**在藝術、烹飪、醫藥、農業、工程、行銷、政治、教育和設計等領域，幾乎每項進步都是有人挑戰既有規則、另闢蹊徑後才出現。**」[2]如果你不想變得太安逸、不想停滯不前，那就不斷問問題、挑戰既定過程。不斷去問是否有更好的做事方法，這會不會惹惱自滿和懶惰的人？會啊。會不會激勵、挑戰和鼓舞成長中的人？當然也會！

八、別自以為是

如果你要問問題又允許自己失敗，有時難免看起來很蠢，而大多數人不喜歡這種感覺。對此我會怎麼回答呢？別自以為是了！正如羅傑．馮．歐克所說：「假如我們從未試過看起來可笑的事，現在依然會住在洞穴裡。」

我們反而需要更像小孩。我喜歡小孩的一點，就是他們不停問問題，不擔心問題是否很蠢，會直接提問。他們也不擔心嘗試新事物，是否看起來很傻，而是直接行動。結果是——他們學到東西。「尖端印象」（Sharper Image，編按：美國專業設備零售商）創辦人理查德．薩爾海默（Richard Thalheimer）說：「看起來無知好過真的無知，克制自負，不斷提問。」這是很棒的建議。

九、問自己要如何辦到

我一直很喜歡發明家湯瑪斯．愛迪生（Thomas Edison）的那句名言：「這裡沒有一堆規則！我們在努力做大事！」愛迪生永遠都在創新、跳出固有思維模式。大多數翻天覆地的點子都徹底違反既有規則，打亂舊秩序。正如愛默生所說：「**生命就是一場實驗，你做的實驗愈多愈好**。」

我很看重創新思維，最受不了的一種人，就是拒絕跳出自我設下的框架思考。每當聽到「我們從來沒有這樣做過」或「那不是我的職責所在」之類的話，我都想叫他們好好振作，或乾脆幫他們舉辦葬禮，因為他們跟死了沒兩樣，只是在等待正式宣告罷了。好點子無處不在，但如果不跳脫自己的固有思維，就很難發現這些點子。人都需要打破框架走出來，狩獵各種好點子，而不是乖乖被禁錮其中。

這需要抱持富足的心態。可惜的是，大多數思考僵化的人，都抱持奇貨可居的思維，不認為有很多資源可供分配，認為自己辦不到。

作家布萊恩．克萊默（Brian Klemmer）說：「富足的關鍵之一，就是抱持以解決問題為導向的心態。一般人認為自己很積極，但並沒有把解決問題當重點。」換句話說，大多數人活在固有框架內，不會跳脫框架。他們的人生百般受限。克萊默提出他的看法：

> 普通人問自己：「我辦得到嗎？」他們是根據眼前的情況……心態富足的思考者問的問題不一樣，他們會問：「我要如何辦到呢？」單純換了語義便改變一切，迫使大腦打造解決方案。[3]

要讓遲鈍的腦袋活起來，最佳方法莫過於就打亂既定模式。跳脫框架就能產生這樣的效果。

十、最終贏得勝利的人是？

保持好奇心和不斷成長的不二法門，也可能就是享受人生。《追求卓越》（*In Search of Excellence*）一書作者湯姆．彼得斯（Tom Peters）說過：「有好奇心的人、略帶瘋狂的人，以及對學習有無限熱情又敢冒險的人，最終都會贏得勝利。」我相信，我們在享受人生、好好過活時，就是在榮耀上帝。這代表要承擔風險——有時失敗、有時成功，但學習永不止息。當你享受人生時，工作和玩樂的界限開始模糊。為己所愛，愛己所為。一切都成為學習的經驗。

好奇心是他的成功關鍵

假如一個人取得博士學位、擔任知名大學教授又獲得諾貝爾物理學獎，想必充分發揮了個人潛力吧？又假設這個人年僅二十多歲，就獲邀參與曼哈頓計畫（Manhattan Project，編按：大型軍事工程），協助發明第一顆原子彈呢？絕對是非常出色的經歷，對吧？這樣的人成功關鍵會是什麼呢？多數人都會猜智商。但據說這位科學家的智商只有一二五，[4]略高於平均水準。當然他的確很聰明，但他成長與成功的真正祕訣，其實是永不滿足的好奇心。

他的名字是理查．費曼（Richard Feynman）。他的父親是紐約市制服商人，常常鼓勵兒子提問與獨立思考。十一歲時，費曼就開始製作電路，還在家裡進行實驗，很快就因為修理收音機的能力出名。他不斷探索、學習，還常常問為什麼。

在小學就開始學代數。十五歲時，就充分掌握三角函數與微積分。[5]對他來說，這就像在玩遊戲。他的高中物理老師受不了他，便給他一本書說：「你話太多也太吵了。我知道啦，你覺得很無聊，那就去讀這本書吧，等到書中內容你都懂了再來煩我。」那可是大四學生修習的高階微積分教科書！[6]費曼讀得愛不釋手，那本書成為他認識世界的另一本工具書。

他畢生愛好解決謎題和破解密碼。高中時，他的同學得知這一點，就找來各式各樣難題、方程式、幾何問題或腦筋急轉彎，但全都難不倒他。[7]

「玩」出諾貝爾物理學獎

追根究柢的渴望驅使費曼研究所有事，不僅對物理與數學感興趣，任何點子都可能引發他的熱情。例如，他就讀麻省理工學院物理系時，接下一份暑期兼差，幫忙化學實驗。他在普林斯頓攻讀博士學位時，會跟其他系的研究生一起吃午餐，這樣就能知道他們在研究的問題、想克服的難關。正因如此，他還選修了哲學和生物學的博士課程。

他的好奇心延續了一輩子。某個夏天，他決定進行深入的遺傳學研究。[8]還有一次，他在瓜地馬拉度假，無師自通學會閱讀馬雅文字，讓他從一份古代手稿中找到數學和天文學的重大發現。[9]他還成為一位藝術家，不但學會畫畫，更舉辦了個人畫展。[10]費曼真的是活到老、學到老。

費曼短暫經歷過一段好奇心減退的時期。他在曼哈頓計畫耗費幾年心力後，出現意志消沉的情況，認為自己疲乏了。他失去探索的欲望，後來發現問題所在。費曼寫道：

> 我以前喜歡研究物理。為什麼喜歡？我以前常常「玩」物理……不見得對核子物理學發展有

重要貢獻，而是關乎是否有趣或好玩。讀高中時，我看到水龍頭流出的水愈來愈窄，想知道是什麼機制決定了水的曲線。我發覺，這樣做事十分容易，不是硬著頭皮做，對科學的未來並不重要，已經有其他人研究過，不會產生任何貢獻。我單純是想發明東西來自娛。

所以我採取全新的心態。如今我對研究疲乏了，以後不會再有任何成就……我要隨心所欲玩物理，不用擔心有沒有意義。[11]

心態的改變讓他重新燃起好奇心，治好自己的「倦怠感」。結果，他又開始問為什麼。不久之後，他看到有人在大學自助餐廳，把盤子拋向空中、旋轉盤子。他很好奇，盤子為什麼會這樣旋轉和擺動。他用數學公式推導出來，還畫了一些圖，單純只是好玩。他說自己不過是「消磨時間研究晃動的盤子」，但那些圖表和數學公式，讓他獲得諾貝爾物理學獎。[12]所以，最終他還是對科學做出了貢獻，但僅僅是因為他對知識的渴望，滿足個人成長的需求！

費曼活出好奇法則的精神。那你呢？想知道答案，不妨問自己以下十個問題：

1. 你相信自己有好奇心嗎？
2. 你具備初學者的心態嗎？
3. 你有沒有把「為什麼」掛在嘴邊？
4. 你有沒有跟好奇的人來往？

5. 你有沒有每天學點新東西？

6. 你願意分享失敗的結果嗎？

7. 你停止尋找正確答案了嗎？

8. 你不再自以為是了嗎？

9. 你跳脫思考框架了嗎？

10. 你享受自己的人生嗎？

如果答案都是肯定的，那很可能可以按照好奇法則過活。如果沒有，你就需要改變，而且絕對辦得到。針對這些問題說出肯定的答案，無關乎智商、天賦或機會多寡，而是跟培養好奇心和願意問「為什麼」有關。

幽默作家桃樂西・帕克（Dorothy Parker）說過：「**無聊的解藥就是好奇心，好奇心則無藥可救**。」

這句話說得太對了。當你充滿好奇心時，整個世界都向你敞開大門，學習與發展潛能幾乎沒有限制。

好奇法則的生活應用

一、想想你在生活中最花心力的三到五個領域。你覺得自己在這些領域的表現如何？你認為自己是專家還是初學者？如果你認為自己是專家，那未來成長可能就會遇到困難。初學者知道自己的不足，對可能的想法都抱持開放態度。初學者願意跳脫框架思考，不會執著先入為主的觀念，願意嘗試新事物。

如果你在某個領域有初學者的心態，就盡力維持。如果你認為自己是專家，那就要小心了！想辦法重新燃起學習態度，找一位該領域的前輩當作導師，或學學理查・費曼：重拾樂趣。

二、列出你一星期內最常來往的人。根據每個人的好奇心程度進行評分，大多數人都會問問題嗎？他們經常問為什麼嗎？他們喜歡學習新事物嗎？如果沒有，你需要刻意做出改變，花時間跟更多好奇的人相處。

三、好奇心與學習的一大障礙，就是不願在別人眼中犯蠢。可以用兩個簡單的方法，判斷你的生活中是否有這個潛在問題：第一是害怕失敗，第二是把自己看得太重。

解決辦法就是承擔我所謂的「學習風險」。報名學習舒適圈以外的事，像是美術課或舞蹈課、武術或外語、找位書法大師或園藝專家訓練自己。務必選擇你覺得好玩的事物，自己必須是初學者，而且遠遠超出舒適圈。

| 13 |

仿效法則

找個人來偷學，成長最快

優秀領導者給予你最重要的個人成長建議是
——「跟我學」。

在意向性法則一章中，我提到一九七二年自己找了半天，都沒找到具有成長計畫的前輩，可以幫助我學會擬定個人成長計畫，因而促使我購買柯特．康普邁爾的成長工具包，踏上具個人意向的成長之路。對我來說，這是很棒的開始，但我得坦承，初期過程其實跌跌撞撞，我是用嘗試錯誤的方法學習。

好處是，個人成長變成我的優先要務。我慢慢學習挑書閱讀、聆聽課程和參加會議。起初，採取亂槍打鳥的方法，凡是有興趣的事物都不放過。但我並沒有得到預期中的成果，後來發現自己得把成長聚焦於個人優勢領域：領導力、人際關係與溝通。一旦鎖定目標後，我的成長效率便開始上升。

我開始學習從研讀的內容去蕪存菁。資源本身沒有什麼價值，除非你能從中獲得你需要的精華。這意味著我要學會做有用的筆記、蒐集佳句，並反思學到的東西。我經常摘要學到的內容，然後找本對我有意義的書，在封面內側寫下行動要點。這代表每天都得蒐集、分類、整理故事和佳句。同時把早期所學付諸實踐。

這些實踐都已經成為我日常紀律的一部分，過去四十年來，也一直是我每天的例行公事。我聽錄音帶和CD時，車內就成了教室。書房書桌上總是堆了一疊我正在讀的書，文件檔案也不斷增加。我持續地成長，領導能力不斷提升，專業上也見到進步。

壞處是，我在同一時間意識到，沒有個人導師的協助，個人成長實在有其極限。如果我想成為心目中的領導者——並且相信這是上帝賦予我與生俱來的任務——就需要找到前輩當作學習的榜樣。為什麼？因為沒有他人當榜樣就很難進步，這就是仿效法則的啟示。

該跟誰學？六大標準幫你找到

我從素未謀面的人身上學到很多東西。初中時，我讀到戴爾·卡內基（Dale Carnegie）所著的《卡內基溝通與人際關係》（*How to Win Friends and Influence People*），學會人際關係的技巧。讀詹姆斯·艾倫的《我的人生思考》時，明白個人態度與思維模式會影響自己的一生。在讀到孫德生的《屬靈領袖》（*Spiritual Leadership*）時，首次了解領導力的重要性。**大多數人決定成長時，往往是在書中找到首位人生導師**。讀書是很棒的開始，繼續從書中獲益同樣值得。每年，我都要向十來位永遠無緣認識的人學習。但到了某個時間點，你必須找到個人的榜樣。如果你只跟自己學，就會發現自己在原地打轉。

我有幸接觸到許多領導者，發現他們的榜樣值得效法。顧問佛雷德．史密斯、演說家吉格．金克拉與教練約翰．伍登等人，都讓我獲益良多。還有一些人，在我認識他們前看似很棒，實際認識後卻令人失望，可見找導師和榜樣必須精挑細選。

每當我想到兩個流浪漢在公園長椅上晒太陽，都不禁微笑。第一個人說：「我之所以來這裡，是因為我什麼人的話都不聽。」

第二個人說：「我之所以來這裡，是因為我什麼人的話都聽。」

兩種方法都沒有幫助，你必須慎選自己的導師。我跟不同導師來往的經驗有好有壞，因而從中發展出一套標準，藉此決定自己要跟隨榜樣的「價值」。分享如下，希望有助於你在這方面做出正確選擇。

一、選擇典範無法「公私分明」

我們崇拜與追隨的榜樣，都會成為自己的樣貌。有鑑於此，在決定導師前應該格外小心，他們不僅要具備卓越的專業能力，擁有可學習的技能，還必須展現出值得仿效的品格。

現今，許多運動員、名人、政治人物和企業界領袖，都努力否認自己是某類型榜樣，即使許多民眾早已在追隨他們，模仿他們的行為。他們希望民眾區分他們的個人行為與專業生涯，但這實際上根本不可能。宗教領袖暨作家戈登．興格萊（Gordon B. Hinckley）便建議：

把私人行為與公開領導分開看待，既不明智也不可能——但有些人極力主張這是「開明」人士抱持的唯一觀點。他們大錯特錯，被蒙蔽了雙眼。就其本質而言，真正的領導者肩負成為楷模的重任。要求人民選出來的公職人員，在人民面前抬頭挺胸，樹立榜樣——不僅平時領導如此，個人行為也該如此——難道會太過分嗎？如果上層沒有確立並堅持價值觀，那下層的行為就會失序腐蝕。確實，在任何組織中，無論是家庭、公司、社會或國家，被忽視的價值觀終將消失。

你在尋找榜樣和導師時，不僅要檢視他們在公共場合的表現，還要仔細檢視他們的私人生活。你的價值觀會受到他們的影響，所以不應該隨性選擇跟隨他人的腳步。

二、好的導師得有時間

鋼鐵大王暨慈善家安德魯．卡內基（Andrew Carnegie）說過：「**隨著年紀愈來愈大，我愈來愈不太注意別人說了什麼，而是改為觀察他們做了什麼。**」為了近距離觀察榜樣、了解他們的行為，我們多少得跟他們接觸。這需要管道和時間。如果要獲得積極的指導，我們得有時間向導師提問，並從他們的回答中學習。

我在指導他人時，我們通常一年只正式見幾次面。然而，有時我們會在非正式場合碰面。他們有許多輔導問題都是受我的行動所啟發，而不是我說的話。這讓我覺得愧不敢當，因為我知道自己有時也達不到教導的理想和價值觀。正如我常掛在嘴邊，**我最大的領導力難關，就是領導自己！**教導他人該做什麼很容易，親自示範卻是困難得多。

我能給予最有用的建議就是，找自己的導師時，不要一下子把目標設定太高。如果你考慮首次從政，並不需要美國總統的建議；如果你是想學大提琴的高中生，也不需要馬友友的指導；如果你大學畢業，剛剛步入職場，不要指望公司執行長會花大量時間帶領你。

你可能會想：「為什麼不行？」為什麼不從一流的楷模開始學習？首先，如果你才起步，高你兩、三個等級的前輩（不必找高十個等級），就足以回答你幾乎所有的問題。他們的答案會十分新穎，因為不久前才解決你正在應付的問題。其次，執行長需要花時間回答的問題，應該是來自即將跟他們平起平坐的主管。我的意思不是你永遠都不應該「攻頂」，而是說你應該把大部分的時間，花在請教那些對你當前職涯有益、有時間又願意傾聽你的前輩。隨著你不斷進步，可以在全新成長階段尋找其他導師。

三、找到有實務經驗的好導師

在追求潛能的道路上走得愈遠，就愈需要拓土開疆。那要怎麼知道如何進行？汲取他人的經驗，正如中國有句諺語：「欲知山前路，須問過來人。」

一九七〇年代初期，我的教會快速發展時，我發覺自己正在進入從未涉足過的領域，我認識的人也都不熟悉。為了解如何在這個新領域領導，我開始在全美各地大型教會尋找成功的教會領袖。這個故事我說過很多次了：我會給每個人一百美元，換取三十分鐘的時間，許多人好心答應與我見面。我會帶著寫滿問題的記事本，當面向他們請教，而從中得到的收穫難以言喻。

每當展開新事業時，我都會向經驗豐富的人請教。頭一次創業時，拜訪了那些可以給我建議的成功企業人士；想寫第一本書時，認真聆聽能指導我的各個成功作家。而為了提升溝通效率，我研究了很多溝通專家。這些人的負面經歷，有助於我察覺未來可能面臨的問題。而他們的正向經歷，則讓我對未來的機會充滿期待。

我所知道的成功人士，都曾經**向更有經驗的人學習**。有時，他們會追隨前輩的腳步；有時，他們會聽從前輩建議開拓新的領域。紐約市前市長魯迪・朱利安尼（Rudy Giuliani）就說：「**所有領導者都會受到自己敬佩對象的影響。閱讀關於他們的書、研究他們的特質，到頭來領導者必定會發展出自己的領導特質。**」

四、智慧的價值

有個知名的故事，一位師傅被一家公司請去檢查生產系統。由於系統故障，一切全都停擺。師傅到達時，只帶了一只黑色小袋子。

他靜靜地在設備周圍走上幾分鐘，停了下來。仔細看著設備某個地方，從袋子裡拿出一個小錘子，輕輕地敲了一下。突然，整個系統又開始運轉，他就靜靜地離開了。

隔天他寄了帳單，經理看到暴跳如雷，上頭寫著一千美元！經理馬上發了封電子郵件給師傅，寫道：「如果沒有列表說明服務項目，我不可能付這筆離譜的費用。」不久，他收到了一張發票，上頭寫著：

用錘子敲設備：一美元。
知道要敲哪裡：九百九十九美元。

這就是智慧的價值！有智慧的導師往往會說該敲哪裡，他們的理解、經驗和知識幫助我們解決自己處理不了的問題。

佛雷德．史密斯是我的導師，經常教導我人生智慧。某天我問他，為什麼非常成功的人經常扯自己生活和事業的後腿。他說：「永遠不要把個人天賦和個人混為一談。他們的天賦讓他們有了不起的成就，但是他們本身可能有很多缺點，最後會害到自己。」這點智慧帶給我莫大的助益。首先，這幫助我深入理解如何跟才華洋溢的人共事，又能幫助他們進步。第二，也是對我個人的提醒。我知道，只不過在某個領域擁有天賦，絕對不代表能忽略紀律或品格。**我們離愚蠢都只有一步之遙**。

往往智者的幾句話就能幫助我們學習和發展：他們打開我們的眼界，讓我看到前所未見的事物；幫助我們因應棘手的情況，讓我們看到容易錯過的機會；無論我們實際年齡與經歷為何，他們都能讓我們更有智慧。

五、好的導師是支持你的朋友

大多數人問導師的第一個問題是：「你關心我嗎？」原因顯而易見。誰願意接受對自己沒興趣的人指導呢？自私的人幫助你時，只是在推行自己的目的。好的導師給予友誼和支持，無私地幫助你發揮潛力。企業教練暨作家詹姆斯．沃科羅（James S. Vuocolo）恰如其分地表達了他們的心態：「**只要我們不把自己視為上帝帶給別人的禮物，而是開始把別人視為上帝賜與的禮物，奇蹟就會發生。**」

某天傍晚，我與美國女童軍總會前執行長法蘭西絲．賀賽蘋（Frances Hesselbein）與作家吉姆．柯林斯（Jim Collins）共進晚餐。兩人則是公認現代管理學之父——彼得．杜拉克的門生。我見過杜拉克本人，也曾向他請益；但他們與杜拉克有長期的交情，非常了解他。我問他們從杜拉克身上學到什麼，他們的答案多半集中在友誼的部分，而不是管理大師傳授的智慧。杜拉克去世後，吉姆．柯林斯在一篇文章中簡要地表達了那晚對我所說的內容：

> 對我來說，杜拉克教導的最重要觀念，是無法在任何著作或演講中找到的，只存在於他以身作則的人生當中。一九九四年，我前往加州的克萊蒙特（Claremont）進行個人朝聖之旅，向當代最偉大的管理思想家汲取智慧。離開時，我深深覺得自己認識的是一位具同情心又慷慨的

人——剛好又是著述豐富的天才。我們失去的不是一位高高在上的導師，而是一位深受愛戴的教授，歡迎學生到他簡樸的家中聊天，內容既溫暖又啟迪人心。彼得．杜拉克不是自顧自地為了說而說，而是想從每個學生身上討教——因此，他才會成為我們多數人心中影響力卓著的老師。[1]

如果指導你的人並非真正支持你的朋友，那師徒關係永遠達不到你的期望。缺乏支持的知識了無生氣，缺乏友誼的忠告沒有溫度，缺乏關懷的坦誠形同殘酷。然而，得到關心自己的人的幫助時，你會在情感上得到滿足，成長源自腦袋與內心，唯有支持你的人才願意兩者都分享。

六、改善人生的教練

我的生命一大主軸，就是提升人的價值與改善人生，方法之一就是擔任他人的導師。但我的時間有限，只能指導少數人。對此我一直覺得受挫，很多請我當導師的人或請我訓練他們成為導師的人同樣倍感洩氣。慶幸的是，我終於找到解決問題的辦法。

二〇一一年在某些朋友的幫助下，我創立了一家名為「約翰麥斯威爾團隊」（John Maxwell Team）的教練公司，至今成為我數一數二滿意的「成績單」，因為凡是能夠傳授我原則的人，我都能協助培訓並認證成教練，藉以提升許多人的價值。我們正同心協力，努力改善人生。

我很喜歡教練（coach）這個詞。我在朋友凱文．霍爾所寫的《改變的力量》一書中讀到，這個詞來自十五世紀在科奇鎮（Kocs）發展起來的馬車。這些馬車最初是用於載送皇室成員，但後來也用於運輸貴重物品、郵件和一般乘客。正如凱文所說：「**Coach 一直以來都可以指物或指人，負責把重要的人從當前的位置帶到想去的地點。**」所以如果你有一位教練，就知道終究會抵達想要的目的地。

在〈五花八門的教練名稱〉（A Coach By Any Other Name）一文中，凱文繼續闡述教練的意義。他寫道：

> 在其他文化和語言中，教練有許多不同的名字和頭銜。
>
> 在日本，「先生」(sensei) 是指走得很前面的人；在武術中，則是師父的稱號。
>
> 在梵語中，「古魯」（guru）是指擁有豐富知識與智慧的人。「Gu」意為黑暗，「Ru」意為光明——上師把人從黑暗帶入光明。
>
> 在西藏，「喇嘛」（lama）是指有靈性與權威的導師。在藏傳佛教中，達賴喇嘛是最高的導師。
>
> 在義大利，「師範」（maestro）是音樂大師，全名是「maestro di cappella」，指教堂總長。
>
> 在法國，「家教」（tutor）是指私人教師，此詞可以追溯到十四世紀，指的是擔任看守的人。
>
> 在英國，「嚮導」（guide）是熟悉道路又能提供指引的人，意即看到並指出最佳路線的能力。

在希臘，「導師」（mentor）是具有智慧又值得信任的顧問。在《奧德賽》（*The Odyssey*）中，荷馬的好友孟托（Mentor）就是關心他又支持他的顧問。

這些詞全都描述同一個角色：走在前方指引道路的人。[2]

無論你用什麼詞來描述，教練都能影響人生、幫助他人成長、提高他人潛力與產能。教練是帶來正向改變的要角。正如我的朋友安迪・史坦利在《N世代領導5C》（*The Next Generation Leader*）一書中所說：「假如缺乏他人指導，你就永遠無法最大化自己的潛力，因為根本不可能。你可能很優秀，甚至比任何人都厲害。但是沒有他人給予意見，你永遠無法充分發揮真正的實力。每當有人從旁觀察與評估，我們都更容易進步。**自我評量雖然有其益處，但他人的評價也不可或缺。**」[3]

在我看來，好的教練有五項共通特點。他們……

- 關心（Care）自己指導的人；
- 觀察（Observe）他們的態度、行為和效能；
- 引出（Align）他們的優勢，以達最佳效能；
- 溝通（Communicate）並給予回饋；
- 幫助（Help）他們改善生活和效能。

多年來，我受惠於數百人的幫忙，他們樹立了個人成長的榜樣，依自身成功經驗給予我提點，並運用上述五項特點，指導我提升效能。對此，我感激不盡。

在導師幫助下的成長過程，通常依循這樣的模式：從覺察開始。你發覺自己需要幫助，自己土法煉鋼無法實現有效的個人成長。我在職涯初期，很幸運地意識到這點，正視自己沒有經驗、沒有管道，生活圈內也沒有好榜樣幫助我開發潛力。

一個人有此覺察時，可能出現兩種情況：第一個情況是自尊心膨脹，無法拉下臉向別人請教，這種反應十分普遍。心理學家史洛利・布洛特（Srully Blotnick）在《成功的衝刺》（*The Corporate Steeplechase*）一書中提到，二十多歲才出社會的人往往羞於提問，等到三十多歲時，基於個人主義原則，他們很難主動向同事尋求建議，這勢必對他們不利。**為了不讓自己看起來無知，他們幾乎肯定會害自己真的無知**。

另一種情況則是虛心地說：「我需要你的幫忙。」這個決定不僅會獲得更多知識，還會讓你更加成熟。這句話鞏固了人與人之間對彼此的需要——不僅僅是年輕初出茅廬時，而是一輩子都有此需要。正如查克・史溫道（Chuck Swindoll，編按：作家、廣播聖經教師）在《最後一筆》（*The Finishing Touch*，暫譯）一書中鏗鏘有力的主張：

> 沒有人是完整的鏈條。每個人都是其中一環，但是去掉一個環節，鏈條就會斷掉。
> 沒有人是完整的團隊。每個人都是其中一員，但是少了一個成員，比賽只能棄權。

> 沒有人是完整的管弦樂團。每個人都是一名樂手，但是少了一個樂手，就無法表演完整的交響樂了……
>
> 你想的沒錯，我們需要彼此。你需要別人，別人也需要你。沒有人是孤島。
>
> 要讓所謂的人生順順利利，我們就得依靠和支持別人，懂得同理與回應、付出與接受、懺悔和原諒、伸援與擁抱、釋放與依賴……
>
> 既然我們都不是完整獨立、自給自足、無比幹練、十項全能的超人，就不要再像現在這樣過活。生活已經夠孤寂了，我們不能再扮演如此愚蠢的角色。
>
> 遊戲結束了，我們連結彼此吧。

回顧我的一生，成長過程中最大的資產是人。但話說回來，最大的負債也是人。你追隨的人、仿效的榜樣、請益的導師都在塑造著你這個人。如果你浪費時間在虛耗你的精神、輕視或貶低你的人身上，那前進就會舉步維艱。但如果你找到睿智的領導者、良好的榜樣與正向的朋友，就會發現他們讓你的成長更加快速。

我這輩子有幸遇到許多傑出的導師，人生最早的榜樣是父母，梅爾文．麥斯威爾和蘿拉．麥斯威爾（Laura Maxwell），我從他們身上學會誠信與無條件的愛。在脫離原本的小小生活圈後，我最初的學習對象是唐恩石博士和吉格．金克拉，唐恩石是最早教我如何拓展教會的人，吉格則是我第一位追隨的個人成長講者，兩人都成為我很好的朋友。湯姆．菲利普（Tom Philippe）和我哥哥賴瑞．

麥斯威爾教我商場知識；雷斯．史托伯幫助我完成第一本書；彼得．杜拉克打開我的眼界，我因此明白必須培養員工到足以取代我的水準；佛雷德．史密斯幫助我提升領導能力；比爾．布萊特（Bill Bright，編按：學園傳道會創始人）展現了企業思想家對信仰的重大影響；約翰．伍登教我如何成為更好的人。

無論你是誰、有過什麼成就、經歷過什麼人生起伏，都可以受惠於導師。如果你從來沒有過導師，就不知道這能帶來人生多大的改變。如果你一直都有導師，想必已經知道其中好處，應該成為他人的導師，開始把愛傳出去，因為你很清楚，如果一切只能跟自己學，真的很難進步。

一、找下一階段的導師。想想你目前的生涯階段與未來的方向。找一位你敬佩的前輩，對方在相同的專業上略領先你幾步，但不一定要同一家組織。好的導師需要以下特質：值得敬重的典範、有時間會面、有實務經驗、有智慧、願意給予支持、有指導能力。如果對方身上有這些特質，就請他或她來指導你。

在跟導師會面之前，要準備好三到五個經過深思熟慮的問題，這些問題的答案將對你大有幫助。你們見面之後，努力把所學應用於個人生活中，實踐過後再約會面。再次會面時，一開始就告訴導師你成功實踐的方法（或者失敗的過程，才能發現哪個環節出錯），接下來提出新問題。按照這個模式，你的導師會因為指導得到回報，很可能會樂意繼續幫忙。

二、我們都需要有人幫助我們強化特定優勢、解決特定問題。每當遇到婚姻、教養、靈性成長、個人紀律、嗜好等方面的問題時，你會找誰聊聊？沒有人能回答所有問題，你需要找幾位不同專長的個別「顧問」幫忙。

花點時間列出兩個清單。首先，列出你想強化的具體優勢或能力，才能發揮潛力。第二，列出你認為需要有人持續指導的具體問題。開始尋找這些特定領域的專業人士，詢問他們是否願意回答你的問題。

三、你有可以長期觀察、追隨並學習的榜樣嗎？他們是否可以依據你整體的生活和事業給予建議？或者你在努力提升自己的同時，卻沒有人可以仿效？如果你還沒有向他人求助，是時候該開始了。大多數人起初都是在書中尋找值得學習的榜樣。從讀書開始，但不要只是讀書，要找願意讓你觀摩他們生活的人。

約翰．伍登就是這樣一個人。幾十年來，我都是遠距離向他學習。我在電視上看過他的球隊比賽、關注他的生涯、讀過所有他的著作。然而，他九十多歲時，我有幸可以每年跟他見兩次面，而且持續好幾年。我從他身上獲益良多，很感激與他相處的時光。

你在尋找榜樣與導師時，姑且聽我一句忠告。通常，很多人從遠處看起來很棒，但你真正認識他們後，卻發現不欣賞某些特質。假設如此，請不要氣餒，社會上還是有很多正直的人（譬如約翰．伍登）值得敬重與追隨。繼續努力尋找，終究會有收穫。

| 14 |

拓展法則

跳脫框架、思考與行動，無限成長

我們沒有終點線。
——耐吉廣告

你已經充分發揮能力了嗎？是否也完全實現潛力了？我相信，如果你正在讀這本書，答案應該是否定的。如果你呼吸正常、心智健全，那就有潛力不斷提升你的能力。《破舊立新》（*If It Ain't Broke, Break It!*，暫譯）兩位作者羅伯特・克利傑（Robert J. Kriegel）和路易・派特勒（Louis Patler）寫道：

> 我們不知道人的極限在哪裡。世界上所有的測驗、碼錶和終點線都無法衡量人的潛力。一個人在追求夢想時，會超越表面的極限。**我們內在的潛力是無窮無盡，大部分都尚未開發……你一想到極限，就設下了限制。**[1]

你如何發揮潛力、不斷提升能力呢？我已經寫了不少關於提升外在效率的文章，你需要包容他人、學會如何與人合作。但是，提升你內在能力的唯一方法，就是改變看待個人成長的方式。學習更多的知識並不夠，你必須改變思維、改變行動。

努力工作、找正確答案？錯！換個角度思考

聽說大多數專家認為，**一般人只運用了真正潛力的一〇%**，這項說法太令人震驚了！假如真是如此，那一般人的能力就有很大的進步空間。這就好像我們擁有數百英畝的土地，卻只耕種了半英畝。那我們要如何利用剩下的九〇%呢？答案就是：改變我們的思維與行為。不妨先看看，要如何思考才能提升能力。

一、不要想努力，要思考做什麼有效

如果問大部分的人如何才能提高工作效能，他們會告訴你要更努力工作。這項解決方案有個問題：更多工作不一定會增加效能。我們心目中的渴望超過當下所擁有時，再多相同的做法，只會導致相同的結果。

我在職涯初期就落入這個陷阱；老實說，別人開始請教我如何才能更成功，我的回答就是更努力工作。我認為他們的工作倫理不如我，只要工作得更努力，他們就會成功。然而，我開始到未開發國家旅行後，才發覺自己的想法有誤，那些國家的許多民眾都很努力工作，但是努力卻沒有得到什麼回

報。我這才明白，努力工作不見得能解決問題。

這讓我開始檢討自己看待工作的方式。身為活力充沛的人，我平時很努力工作，而且持續好幾個小時。但我知道，自己沒有發揮應有的效率。我發覺問題在於，太重視努力，輕忽了效率。**做了很多事，卻不見得做對事，待辦清單愈來愈長，但影響力卻沒有增加**。我這才意識到，自己必須改變想法。看著自己所做的一切，我開始問自己：「做什麼有效？」

這就是我給你的建議：找出有效的方法。為此，問自己以下三個問題：

- 我必須做什麼事？
- 哪些事的投報率最高？
- 哪些事帶來最大收穫？

這些問題會幫助你專注於自己必須、應該與真正想做的事。

二、別問「我可以嗎？」思考「怎麼做？」

乍看之下，「我可以嗎？」和「我可以怎麼做？」兩個問題極為相似。但現實是，兩者的結果有天壤之別。「我可以嗎？」是充滿猶豫和懷疑的問題，而且綁手綁腳。如果你常問自己這個問題，等於還沒開始就在扯自己後腿。多少人本來可以有許多人生成就，卻因為懷疑自己、認為辦不到，而連試都不試。

當你自問「我可以怎麼做？」就給了自己實現的機會。一**般人無法克服困難最常見的原因，就是給自己的挑戰不夠**。他們不測試自身的極限，沒有充分發揮能力。「我可以怎麼做？」則是假設有辦法，你只需要找到罷了。

我還是年輕的領導者時，受到羅伯特·舒勒一句話的刺激：「假使你知道自己不會失敗，你會嘗試什麼事？」對我來說，答案顯而易見，比現在嘗試更多事啊！舒勒的問題刺激我跳脫框架思考，讓我想承擔更多風險、挑戰更多極限、測試自己的能耐。這句話讓我體悟，我們受到的限制多半並非缺乏能力，而是缺乏信念。

第一位攀登聖母峰的北美女性莎倫·伍德（Sharon Wood）如此描述自己的經歷：「我發現這不是體力的問題，而是心理問題。這是內心的抗戰，得衝破自我設限的重重障礙，才能得到好東西——所謂的潛力，我們幾乎沒用到的九〇%。」如果你想運用那九〇%，問問自己「我可以怎麼做？」這樣一來，想要取得更大的成就，問題就只剩時間和方法，而不是可能與否了。

最近有朋友送給我一本普賴斯·普里切特（Price Pritchett）的書，名叫《高效的你》（*You*², 暫譯）。普里切特在書中寫道：

> 你以為自己的懷疑主義來自理性思考，以及對攸關自身事實的客觀評估，但其實這是根植於

腦袋的垃圾。你的懷疑並非精確思考的產物，而是慣性思考的產物。多年前，你把破綻百出的結論當真，開始過你的生活，彷彿關於個人潛力的扭曲觀念為真，你也不再像小時候那樣展開大膽實驗，因此無法帶來許多突破。現在，你該找回過去自己的那份信念了。[2]

如果你在負面環境中度過一段時間，或者在生活中遭受傷害，就會發現這種思維轉變非常困難。如果這就是你的狀況，容我花點時間來鼓勵你、加以說明。我要你從思考「我可以嗎？」轉變成「我可以怎麼做？」但你也許需要先拋棄「我做不到！」才能思考「我可以怎麼做？」我認為，既然你讀到這裡了，內心深處其實已經相信自己可以有所成就。我也相信你做得到，上帝賦予每個人成長、拓展和達標的潛力，第一步是相信你做得到。我對你有信心！

第二點是持之以恆。剛開始時，看起來可能沒有進步，但這並不重要，不要放棄就對了。普里切特說，**任何事進行到一半，看起來都像是失敗**。他寫道：「你不可能在烤蛋糕時，還維持廚房乾乾淨淨；手術進行到一半時，手術室也會像發生謀殺案一樣；如果發射一枚火箭到月球，九成機率會偏離軌道——藉由不斷犯錯、修正，失敗多次才會成功登月。」[3]

你可以改變思考模式，相信自己的潛力，把失敗當成資源，幫助自己發現能力的極限。正如精神病學家佛里茨．波爾斯（Fritz Perls）的看法：「**學習就是發現可能性**。」拓展法則的重點是學習、成長、提升我們的能力。

據說，偉大的藝術家米開朗基羅（Michelangelo）有天走進拉斐爾（Raphael）的畫室，看著他早期的一幅畫，思考了一會，隨即拿起一支粉筆，在整幅畫上頭寫下大大的「Amplius」一詞，意思是「再大點」。米開朗基羅鼓勵拉斐爾要更宏觀地思考。這正是我們需要聽的建議。

三、不要光想一扇門，思考多扇門

就成長來說，你可不想把自己的未來賭在「一扇門」上。那扇門可能打不開啊！最好考慮多種可能性，替所有問題尋找不同答案，思考不同選項。

在我的職涯初期，就是犯了只找一扇門的錯誤，我想建造一座雄偉的教堂，所以努力尋找成功的鑰匙。我開始訪問一些人，希望找到能告訴我「祕訣」的人，好比在找能幫忙實現願望的人。當時的思維，根本大錯特錯。我希望有人給我實現夢想的標準答案，好可以依樣畫葫蘆地行動。久而久之，我才發覺自己得主動追夢，並在過程中規畫細節。行動力對進步至關重要，隨著慢慢發現，我的策略也逐漸成形。

我很喜歡「選項」一詞。認識我的人都知道，我不喜歡被「關起來」。但我對選項的渴望，不僅僅是想避免心理上的幽閉恐懼症，而是基於提升自我能力的目標。時間愈久，我就愈想探索創意獨具的選項，愈不想依賴別人的方法。

隨著我學習考慮「多扇門」、探索不同選項，目前的收穫如下：

- 成功的方法不只一種。
- 創造力和適應力愈強，達成目標的機率愈大。
- 具有意向的行動帶來更多可能。
- 失敗與挫折是學習的絕佳工具。
- 預知未來實屬難事，掌控未來絕無可能。
- 把握現在至關重要，掌控今天絕對可能。
- 成功是不斷行動、持續修正的結果。

你將面臨的最大挑戰是拓展思維的難題。這就像穿越偉大的邊疆，必須願意成為先驅、進入未知的領域、面對未知、戰勝自己的懷疑和恐懼。但好消息是，如果你能改變思維，就能改變人生。正如奧利佛・溫德爾・霍姆斯（Oliver Wendell Holmes，編按：前美國最高法院大法官）所說：「**人的腦袋一旦被新思維所拓展，就再也無法恢復原來的大小了。**」如果你想拓展能力，首先要拓展你的腦袋。

如何提升你的拓展行動能力？

如果你想拓展潛力與能力，必須先改變思維模式。然而，如果你只改變思維模式，而忘了改變行動，就永遠發揮不了潛力。想要開始拓展你的能力，務必採取以下三個步驟。

一、不要只是重複，選擇能做和應做的事

邁向成功的第一步——精通你熟悉的事，但是從事的次數愈多，愈會發現更多值得做的事。出現這種情況時，你需要做出決定：是要繼續重複做一樣的事，還是勇於嘗試全新事物？迎接新挑戰會帶來創新與新的發現，其中就是體認到自己堅持為所當為。這樣一來，你就能持續成長，拓展潛力，否則只會停滯不前。

朋友凱文・霍爾在《改變的力量》一書中，描述了自己與導師——即退休教授亞瑟・沃金斯（Arthur Watkins）——在討論過程中的發現與成長。這位教授說明了商人從學徒到大師的成長過程。凱文如此回憶兩人的對話：

> 他說，大師並非一蹴而就，而是一個過程，必須先成為學徒，再成為老手，最後才是大師。學徒、老手、大師，這三個詞表明了必要基礎步驟的重要，才能獲得跟真正領導力相稱的謙卑。
>
> 亞瑟表現得益發活潑，彷彿將透露一條古老真理。「你知道『學徒』（apprentice）的原意是學習者嗎？」他問道，接著說這個詞來自法語的「apprendre」，意思正是「學習」。
>
> 早期，「學徒」是指一個人選擇某項職業，然後在村子裡找一位師傅，教導他該職業需要的技能。學徒向當地師傅學完所有工夫後，便會旅行至別處進修。踏上進修之旅的學徒成了老手。

> 老手常常要長途跋涉，才有機會找到最適合他磨練技藝的師傅，然後在這位師傅手下工作。久而久之，老手最終可能自己成為師傅——然後再度展開上述的循環。[4]

拓展個人潛力的過程不會停止，只會起起落落，機會來來去去。我們為自己設定的標準也不斷變化。隨著人們持續成熟，可以做的事也會改變，應該做的事也會演化。我們必須懂得汰舊換新，雖然這確實是個難題，但只要有意願，人生就會因此改變。

一九七四年，我開始深信，一切的起落都取決於領導力，隨之而來的是對領導的熱情。我迫不及待地學習如何有效領導、感動他人。幾年後，我對於領導他人與教人如何領導，開始感到如魚得水，不但樂在其中，也獲得一定程度的成功。但後來我開始看到機會（即其他可以做的事），有機會影響更多人。我身處決定的十字路口：應該享受當下的生活，還是嘗試向外拓展？

向外拓展意味著離開我的舒適圈。我得開始創業並製作教材、培養能共事的人，也必須學著如何寫書，好接觸永遠沒機會碰面說話的人。我還需要旅行，學習其他國家的風俗文化，才能在美國以外的地方進行溝通。這些變化都需要時間。一路上，我犯了很多錯，經常感到力不從心。大多數時候，我覺得自己就像巴布羅．畢卡索（Pablo Picasso）所說：「**我總是在做自己不會的事，只為了學習該怎麼做。**」

對我來說，適應和拓展的過程仍在持續當中。近來，我不得不學習利用社群媒體來擴大影響範圍。開了兩家公司、學會如何開設教練課程。繼續學習如何接觸世界各國的人。我從來不想停下學習的腳步，只想一直充實自己、拓展潛能、改善專業，直到生命結束的那天。我想實踐作家暨牧師諾曼・文生・皮爾的話：「請求創造你的上帝不斷打造全新的你。」

二、不再符合期待，開始超越期待

現今生活的文化中，無論貢獻大小，只要現身就會得到獎勵。正因如此，許多人認為，做事只要符合社會期待就很好了。我不認為這有助於發揮他們的潛力，或是拓展他們的能力，兩者都有賴更多的付出。

奇異前執行長傑克・威爾許稱之為「擺脫困境」。為了讓自己與眾不同、獲得關注、精進職涯，你得需要付出更多，扛下責任，超越平均水準。想要做到這點，可以比別人更要求自己、更相信自己、做更多事、付出更多心力、幫助更多的人。

我喜歡拳擊手傑克・強生（Jack Johnson）所說：「**凡事超越本分、做得超乎期待，這就是卓越的真諦**！而這得靠力爭上游、保持最高水準、關注最小細節、付出更多努力。卓越是竭盡全力，方方面面、事事如此！」

做事超越期待，不僅讓你在工作表現上贏得口碑，同事之間格外出眾，還能讓你養成追求卓越的習慣。時間一久，就會產生疊加效果。持續卓越會拓展你的能力與潛力。

三、不再「偶爾」做重要的事，要「每天」做

有沒有聽過一句話：「人生是一大塊畫布，你應該盡己所能塗上色彩。」我喜歡這句話的意旨和活力，但我認為建議本身不太好——除非你希望成品亂七八糟。更棒的想法是讓人生成為一幅傑作，這需要很多的思考、清晰的理念，以及適當的畫布顏料。那怎麼做呢？每天都做重要的事。

作家暨哲學家亨利．大衛．梭羅寫道：

> 如果一個人自信地朝著夢想前進，努力過著理想中的生活，就會在平凡無奇的時刻獲得意想不到的成功。他會越過無形的邊界，內心與周遭會自動出現更自由的全新通則，並且得以恣意地在更高的境界活著。

我相信，自信地朝著夢想前進即每天都做重要的事；每天做不重要的事對你毫無意義，只會耗盡你的時間。偶爾做正確的事，不會帶來一致的成長與個人生命的拓展。兩項要素缺一不可。每天的成長造就個人的拓展。

詩人亨利．朗費羅（Henry Wadsworth Longfellow）把自己的成長比喻成蘋果樹：「那棵蘋果樹的使命，就是每年長點新芽，而這正是我的打算。」他也在一首詩中表達類似的想法：

我們命中注定的結局既不是快樂，也不是悲傷；
而是要活得讓每個明天比今天更加進步。

如果每天都做重要的事，我們就可能見證這句話成真。

發揮影響力，改變個人、團體及組織

我從寫書與演講中獲得的一大回報，就是偶爾收到受我鼓舞的民眾來信。最近，我收到了提姆·威廉姆斯（Tim Williams）的信件，他是科羅拉多泉市（Colorado Springs）郡治安官辦公室的警長。他告訴我，自己早已踏上有意向的成長之路，這條路也拓展了他的能力。提姆寫道：

在我二〇〇五年升遷考核中，其中一項是要求我閱讀《領導力21法則》。我告訴自己，要先讀完指定的每本書，然後重讀一遍，最後再用螢光筆略讀，找出可能的考題。第一次讀《領導力21法則》時，並沒有留下太好的印象。第二遍則感覺好多了，也同意書中大部分的法則。在略讀時，我才體悟自己大半輩子都受到札實的領導力訓練。在成為警長之前，我在美國陸軍特種部隊當了二十年的中士，所以不覺得領導力是新的觀念。

提姆也提到，他持續保持閱讀習慣，當作成長計畫的一環。這些書改變了他的思維和行動。因此，他在組織內部平步青雲。他寫道：「隨著我獲得拔擢，也能在組織內部進行改變，這直接歸功於我至今所學……我一直能發揮影響力，幫助了許多人。」

根據所學，提姆採取兩項做法。第一項做法是主動前往部屬的所在地。提姆說：「我在看守所度過無數個晚上，逐一探視當地的警察，跟他們天南地北地聊天。我時而傾聽、時而大笑，聽他們談論自己的家庭，有時也聽他們抱怨。」因此，他開始與人產生連結。第二項做法是寫小紙條，讓職員知道自己對他們的關心與肯定。他也開始有意識地在考核中，寫下職員的正面行為，而不僅僅列出不足之處。「結果，整體士氣提升幅度驚為天人。」

提姆接著說：「年底時，我決定更進一步，發了封電子郵件給派到我這一班的部屬。我希望內容正面又公開透明。至今已經是每年的例行公事，而且效果非常棒！我的部屬病假率明顯下降。我附上第一版的郵件，自己取名為『謝謝，我都看到了』。」

第四班的各位：

隨著今年進入尾聲，我想花點時間，思考你們每個人分別做了些什麼，減輕我身為主管的負擔。由於我們這一行本身就很競爭，我希望所有人都知道自己對彼此的協助。今年即將結束，你們每個人都各自對團隊的成功貢獻良多。

所以，那些你們也許以為沒人注意到的小事，請容我說一句：謝謝你們，我都看到了。

麥可：你放棄了兩次計畫好的假期，好讓我們有足夠的人手輪班；即使休假還自願幫忙烤漆美容；還有處理數學計畫、接受警校講師挑戰。謝謝你，我都看到了。

布魯斯：你明明可以打電話請假，耳朵都聽不到了，卻還是抱病上班；你在簡報時是我的靠山，直截了當地問出所有問題；遇到難關仍是咬牙撐下去。謝謝你，我都看到了。

蘿絲瑪莉：妳老是提醒忘東忘西的我；為了配合我的計畫，還主動把機會讓給琳恩；妳一直照顧著我。謝謝妳，我都看到了。

凱莉：妳老是不介意更換工作；有時明明可以請假卻來上班；還幫助我們締造一項紀錄：史上最多人在大半夜出動幫忙更換輪胎。謝謝妳，我都看到了。

約翰：你接下了副手的重任，而身為剛調到這班的二號人物，你深知自己會承擔很大壓力，卻仍從容不迫地善盡職責。謝謝你，我都看到了。

既是警長又是退休的特種部隊軍官，提姆．威廉姆斯大可說：「我有二十多年的領導經驗，太熟悉領導這件事了，就連生死交關的情況也毫不陌生。我什麼都學過，以後憑著我過來人的經驗，就可以安心做到退休，所以大家最好聽話啊！」他原本可以這麼自恃，但對成長卻抱持開放的態度，決定活到老學到老。正因如此，他的人生、影響力和潛力仍在繼續拓展。他活出拓展法則的精神：成長絕對能提高能力。

這項特質存在於所有終身學習者身上。正因如此，他們的能力不斷擴張。據說，巴布羅．卡薩爾斯（Pablo Casals）九十五歲時，年輕記者問他：「卡薩爾斯先生，您今年九十五歲，是現今最偉大的大提琴家，為什麼還要每天練琴六個小時呢？」

卡薩爾斯的回答再清楚不過：「因為我覺得自己在進步中啊！」

如果你對成長抱持正確的態度，就可能一直進步到生命的終點。你得相信山繆爾．西爾佛拉比（Rabbi Samuel M. Silver）所說的：「**最偉大的奇蹟就是，我們明天不必跟今天一樣，只要利用上帝賦予我們的潛能，就可以更上一層樓。**」

拓展法則的生活應用

一、你是否已經從「我做不到！」或「我可以嗎？」的想法，轉變為「我可以怎麼做？」接下考驗、勇敢做夢。然後問問自己：

- 如果我知道自己不會失敗，我會嘗試什麼？
- 如果我沒有任何束縛，我想做什麼？
- 如果錢不是問題，我會追求什麼樣的人生？

花點時間把答案寫下來。

現在，看看自己的答案。你的直覺反應是什麼？你是看著答案，內心嘀咕：「這太牽強了啦！」「這根本不可能。太天馬行空了！」還是你邊看邊想：「我可以怎麼做？」「我必須做什麼才能實現？」「我要付出什麼代價才能有所轉變？」如果是後者，你已經準備好拓展能力了。但如果是前者，你還得加把勁努力，設法找出是什麼障礙，讓你無法相信自己能做出必要改變來拓展人生。

二、有效地審視當前狀況，確保你思考的是「做什麼才有效？」而不是光努力工作。回顧過去四週的行事曆和待辦事項（對了，如果你沒用任何系統來規畫日程，就先完成這個步驟）。計算你在這四週每個行動與活動所花費的時間。想想每個活動應該花費的時間，幫自己的效率打分數，最高是A+、最低是F，再把活動分門別類。

你有沒有看到固定模式？哪些有效率？哪些沒效率？哪些事花太多時間了？是因為你缺乏效率，還是因為活動無關緊要？你需要做哪些改變？運用「必要」、「報酬」與「收穫」三項標準，幫助你判斷什麼事需要改變。

三、你有沒有一套計畫與系統，藉以確認自己每天都在做重要的事？首先，明確列出每天必做的事。我在《贏在今天》（*Today Matters*）一書中，寫下自己每天十二項優先要務，在此全部列出，供你參考：

- 選擇並展現對的態度。
- 決定優先要務並採取行動。
- 了解並依循健康指南。
- 與家人溝通、付出關心。
- 練習和培養良好思維。

◆做出並遵守適當承諾。
◆賺錢並妥善理財。
◆深化並實踐信仰。
◆建立並經營穩固的關係。
◆待人慷慨大方。
◆接納並實踐良好價值觀。
◆追求並體驗進步。

一旦你列出自己的清單，接著便思考如何每天堅持實踐每一項要務，好讓自己保持在正軌上，繼續開發潛力。

| 15 |

貢獻法則

把水送出去！付出愈多、得到愈多

如果你在虛耗人生，
那活多久根本沒差！

四十年前，我與柯特．康普邁爾的談話結束後，便開始了成長之旅。起初我只知道自己需要成長，而且必須有成長的意向。

我必須承認，最初的個人成長是出於自私的動機，成長是為了成功，達成我想要的人生目標與里程碑。但在這個過程中，我有了改變人生的發現。我在個人成長的進步，也為他人打開了許多扇門，讓我做出貢獻。這不僅幫助我們獲得成功，還從此展開有意義的工作。藉由成長過程的收穫，我也能夠開始付出。而個人成長帶來的自信，讓我變得可靠，相信自己可以開始培養他人，從中找到生命最大的快樂與回報。

我希望，最後一章能鼓勵你成為理想中的自己，進而幫助別人成為理想中的自己。你必須先擁有才能付出，但如果你努力學會或獲得一些東西，就有能力傳遞他人。只要依循貢獻法則，你可以貢獻許多，因為自我成長也在幫助他人成長。

來不及做出貢獻的恐懼

提升他人價值是我人生的頭等大事。青少年時期，我讀到班傑明．富蘭克林（Benjamin Franklin）的故事，這個渴望便在心中油然而生。富蘭克林寫道：「**我寧願『生前貢獻良多』，也不願『死時家財萬貫』**。」這不僅僅是說說而已，這是富蘭克林的生活方式。例如，他發明出日後人稱的「富蘭克林爐」（Franklin stove），原本可以申請專利並從中獲得豐厚收益，卻決定與全世界分享這項發明。

費城圖書館公司約翰．馮．霍恩（John C. Van Horne）博士說：「富蘭克林的慈善本質不分你我。他的仁愛之心展現於幫助人類同胞、行善回饋社會。某種意義上來說，富蘭克林的慈善與仁愛是他的信仰。就他的理解，以善待人是神聖的事。」

富蘭克林看世界的角度不是自己能從中獲益多寡，而是能幫助多少人。他協助發展出借閱圖書館和在地消防局的概念，就連他在做印刷工時，也急欲分享點子，而不是囤積想法。

令當時的我印象深刻的是，富蘭克林每天早上都問自己：「我今天要做什麼善事？」傍晚則會問：「我今天做了什麼善事？」這點啟發了我，讓我發覺，自己每天都能更有意識地幫助別人，而且對此負起責任。隨著年紀愈來愈大，這從本來單純的好點子成為我最大的渴望。

一九九八年我心臟病發作，這點變得格外清晰。我痛苦地躺在病床上時，不曉得自己能否撐得下去，但我並不害怕死亡，只有兩個念頭：第一，務必要讓生命中最親近的人知道我有多愛他們。但第二個念頭則是，我仍然有很多事來不及完成，來不及做出更多貢獻。五十一歲還太年輕，死了著實可惜。後來我得知，「青年總裁組織」（Young Presidents' Organization）的大衛．雷伊（David Rae）表示，**大多數執行長不太害怕死亡，比較擔心對世界沒有貢獻**。可見我的念頭並不獨特。

從小到大的良好榜樣

我想幫助他人的渴望，不僅源自閱讀班傑明．富蘭克林等偉大領導者的故事，也受到父母良好的榜樣所啟發。多年來，我看著長年擔任圖書館員的母親，在父親擔任校長的大學內，鼓勵許多年輕女性、傾聽她們的聲音，影響了許許多多的人生。

我也從父親身上看到良好的榜樣。當他還是當地教會的牧師時，我看著他為會眾服務；擔任教區長時，我看到他為牧師服務，提升他們的價值；在大學任職時，他也不斷提升學生和教職員的價值。時至今日，父親仍在助人。幾年前，父親準備搬進全新的長者安養中心，表示想成為開幕後搬進去的第一人，還強調：「兒子，這很重要，我要當第一才行。」

這是麥斯威爾家族的特點，什麼都想搶第一。但我猜父親另有目的，便問他：「爸爸，你為什麼想先搬進去呢？」

當時年近九十歲的父親說：「你想想，屆時會有很多老人搬進去，對他們來說環境十分陌生，他們一定會很害怕。我想先搬進去安頓好，這樣就能在他們搬來時迎接他們、自我介紹，再帶他們四處看看，讓他們知道一切不用擔心。」

長大成人後，我立志向父親看齊！

當河流，不要當水庫

你如何在生活中增加幫助他人、做出有意義貢獻的機會呢？不妨把自己當成一條河流，而不是一座水庫。多數人把個人成長視為生活的一環，是為了提升自己的價值。他們就像水庫一樣，不斷接收流進來的水，但終究只能注滿自己。相較之下，河流持續流動，無論接收哪裡的水，都會把水送出去，是我們學習與成長的最佳方式。這需要更開闊的心胸——認為收穫會源源不絕的信念。但只要你致力於個人成長，就永遠不會感到匱乏、永遠可以付出許多。

最近我和瑪格麗特聽了麥哥登（Gordon MacDonald）的演說。他鼓吹我們尋找能激勵自己的人，進而成為鼓勵他人的人。他提出下列問題：

- 誰指導你並提供智慧的楷模？
- 誰指導你立志成為更好的人？
- 誰刺激你多多思考？
- 誰為你的夢想喝采？

◆誰對你愛之深責之切？
◆誰在你失敗時表示關心？
◆誰會主動幫你分擔壓力？
◆誰把歡笑帶進你的生活？
◆誰在你沮喪時分享不同觀點？
◆誰激勵你忠心追隨上帝？
◆誰無條件地愛你？

這些問題很適合用來找到鼓勵我們發揮潛能的人，但我們也應該倒過來，考慮扮演類似的角色。你是誰的導師？你會主動分擔壓力嗎？正如美國前總統吉米・卡特（Jimmy Carter）所說：「**我的人生只有一次，等於只有一次機會有所作為……我的信仰要我凡事盡力而為，無論地點與時間、持續多久算多久，運用擁有的一切來發揮影響力。**」

滿足自我需求？先關注他人需求

付出時間、專業與資源卻不奢求回報，這類無私的行為會讓世界變得更加美好。我們需要更多願意付出的人。雖然我說不出一套道理，但你更關注別人的需求時，自己的需求就會得到滿足。相較之下，你選擇私藏自己擁有的東西而不願意付出，就會成為自我孤獨宇宙的中心，變得比以前更難滿足。結果，你不但排擠了他人，也拒絕了潛在的福氣。

你可以成為更慷慨大方的人，即使已經展現了這些特質也一樣。然而，要做到這一點，你必須不斷成長與發展，以及具有提升他人價值的意向。以下建議可以幫助你培養貢獻的態度。

一、自私的人不懂播種

不懂得感恩的人無法付出。他們很少替別人著想，只會想到自己，每天都在找人幫助自己、享受付出與服務。每當他人無法滿足這些期待，他們就會納悶不已。這些人因為自私而不懂得播種，因為不知感恩而不懂為什麼自己毫無收穫！

小時候，父親幫助我了解人人皆依賴他人，同時獲得他人協助。他常說：「你出生的時候，已經欠你媽媽九個月的食宿嘍！」我開始孜孜不倦追求個人成長後，一路上有貴人幫助的觀念再度強化。一九七五年，我首次去聽吉格．金克拉的演講時，他說：「如果你幫助夠多的人實現心願，人生想要的一切都能得到。」這句話我銘記在心。對我來說，一路走來幫助過我的人太多了。每位我讀過的書籍作家、每位花時間指點我的領導者、每個我教會的志工。**沒有人能全靠自己獲得成功**。

多年前，偶然讀到以下這段話，充分傳達了這個想法。我不知道作者是誰，但四十年來我多次引用，努力活出其中的精神：

沒有犧牲就沒有成功。如果我們沒有犧牲就得到成功，那是因為前人做出了犧牲。如果你犧牲卻沒有看到成功，那追隨你的人便會從中得到成功。

我獲得許多收穫，都讓我十分汗顏，這背後都有別人的付出，對此我很感恩！那要如何表達自己的感激之情呢？每天對他人付出，傳遞這份愛，讓他人可以走得更遠，超越我的成就。你得到他人的幫助時，希望你也會加以效法。

二、把人擺第一

隨著年紀漸長，我愈來愈明白他人的重要。世界上所有事物都是一時的，唯有人最重要。你的職涯、愛好與興趣都會隨你而逝，但人會走下去。你帶給他人的幫助，使他們有足夠能力跟著付出，即使你早已化為塵土，這個循環仍可能生生不息。

善待他人不僅使他人受惠，也有助於我們好好把握生活，向他人學習。正如喬治．華盛頓．卡佛（George Washington Carver，編按：教育家和農業化學家）的看法：「一生能走多遠，取決於對年輕人的呵護、對老年人的悲憫、對奮鬥者的同理，以及對弱者與強者的寬容。因為總有一天，你會親身經歷每個角色。」

如果你是領導者，把人擺第一就更加重要了，因為你的行為影響太多人。例如，各個組織中常會聽到，人是他們最寶貴的資產，但許多領導者的行為卻非如此。我理應知道這一點：身為年輕領導者時，我誤以為願景才是第一。我曾認為，自己最重要的責任是讓人相信我的權威、目標、行事與問題。我以為，他人應該為了願景而替我服務，這種態度的問題在於，**提振士氣和操控眾人之間的界限非常模糊，一不小心就會越界**。

領導者嘗試吸引跟隨者時，追隨者首先問的不是「你的目標是什麼」，而是「你關心我嗎」。這不僅限於領導者和追隨者之間，凡是想要共事的兩個人都會如此。但這些人格外想知道的是，自己對於領導者非常重要，而且領導者值得信任。

一旦追隨者相信你的動機正確，也相信你會把他們擺在私利前面，就會願意在旅途中成為夥伴。這就是他們的願望，而不僅僅是被動跟隨，更不想成為供你利用的消耗品。

衡量成功的標準不是服務你的人數，而是你服務的人數。一旦你把眾人擺第一，提升他們的價值就變得很自然，你會當成生活的一部分。你提升他人的價值，是因為你重視他們，相信他們有價值。

三、別成為物欲的奴隸

根據我朋友厄爾．威爾森（Earle Wilson）的說法，社會上有三類人：富人、窮人和債務人。不幸的是，第三類人愈來愈多，愈來愈多人成為物欲的奴隸，這也是美國和歐洲陷入可怕財政困境的一大原因；各國政府不停借錢，滿足不良消費習慣。

作家理查．傅士德（Richard Foster）寫道：「我們的文化中，擁有物質成了一種執念。如果擁有了，我們就覺得得到更大的滿足，但這只是一種假象。」擁有物質並不能帶來真正的滿足。一般來說，如果你設法用物質滿足情感或精神需求，只會讓你變得更加物欲，完全無法滿足。然而，如果你適度減少物欲，無論財產多少，你都可以獲得滿足。

任何人都不應該成為物質的奴隸，不應該把追求物欲視為畢生的目標。聖經有個故事，講到一個人被物質控制了思想與生活，自私讓他變得短視近利。他一心想著發大財，賺錢賺不完。然而，他的生命戛然而止，未能為他人的生命付出。作家約翰．歐特堡（John Ortberg）就寫道：

> 他一輩子都努力錯了方向。如果要列出他的優先要務清單，可能會是以下這個樣子。優先要務：
>
> 一、作物大豐收；
> 二、建造大穀倉；
> 三、經濟無虞；
> 四、大吃；
> 五、大喝；
> 六、開開心心；

七、記得不要死。

當然，最後一點要實現可難了。我們的靈魂遲早會回到造物主那裡，而你所囤積的一切，最後又歸誰呢？[1]

一八八九年，百萬富翁實業家安德魯・卡內基寫了一篇題為〈財富的福音〉（Gospel of Wealth）的文章。他在文中指出，富人的生活應該有兩個時期：累積財富與重新分配財富的時期。維持慷慨態度的唯一方法，就是養成付出的習慣，包括你的時間、注意力、錢財和資源。理查・傅士德建議：**「光是放棄金錢或其他財富的行為本身，就足以對我們的內心產生作用。此舉摧毀了惡魔般的貪婪。」**

如果你想控制內心，就別讓財產控制你，而問題在於：「你掌控自己的物欲嗎？還是你被物欲給掌控？」懂得貢獻的人，把自己擁有的東西當成打造美好世界的資源。而無論財產多寡，他們的行為都是如此。

四、別受他人掌控

和瑪格麗特剛結婚時，我的職涯剛起步，兩人的財產很少，基本上只能勉強餬口。那陣子，我們跟一對富有的夫婦成了朋友。每星期五晚上，傑克（Jack）和海倫（Helen）都會請我們去吃高級餐廳，可謂是每週最快樂的時光，畢竟我和瑪格麗特根本付不起。兩年下來，這段友誼帶來許多珍貴的收穫，我們倆不勝感激。

在本來的職位待了三年後，我有機會領導一間更大的教會。這個機會千載難逢，不僅大幅推進個人事業，未來更有龐大潛力。我說自己準備接下工作時，傑克很不高興，我永遠忘不了他的話：「約翰，我為你付出這麼多，你怎麼能說走就走呢？」就在那一刻，我發覺傑克開始慢慢掌控我了，我並不知道他會計較！

這毋寧是一記當頭棒喝。那天我做了一項決定：在任何關係中，**付出永遠都要超越受惠**，而且絕對不去計較得失。從那天起，我再也不讓任何領導我的人在餐廳幫我買單了。只要有機會，我都要當付出的人。我當然仍受到他人的幫助。如前所述，我對於他人的付出，感激難以言喻，但並不想因此放棄人生的主導權。一旦被他人掌控，你就難真正付出。我希望自己看重別人的同時，不帶任何附加條件。強調付出的人生，理應自己要感到自由，也要接受幫助的人感到自由。

五、別期望播種得少，卻收穫得多

小說家羅伯特．路易斯．史帝文生說：「**我認為日常的成功在於播種而非收穫**。」我們不僅要用此標準評價日子，還要藉此評價我們的一輩子。遺憾的是，大多數人播種得少，卻期望收穫得多，只會坐等發薪日。

為什麼呢？這明顯是天性自私的問題，但我認為原因不只如此。我朋友納比．薩拉（Nabi Saleh）是高樂雅咖啡（Gloria Jean's Coffee）老闆，他曾告訴我：「播種之後，有段時間感覺什麼都沒發生，但**所有成長都發生在表面之下**。」一般人往往沒有察覺、預期或準備好面對此事，於是愈來愈不耐煩，最後就放棄了。

鮑伯．班福德在《人生下半場》一書中，提到一位尋求人生建議的高階主管。班福德寫道：

> 我有朋友曾經是一家大型出版公司的總裁，某次去找一位聞名於世的禪修大師。他把人生豐功偉業一古腦地全告訴禪師，卻沒有得到什麼反應，於是決定安靜一下。禪師開始把茶倒進漂亮的東方茶杯裡，直到茶杯滿溢出來，流到草蓆上，朝我朋友的方向擴散。我的朋友困惑地問禪師在做什麼，禪師回答說：「你的人生就像一只茶杯，茶從杯子滿出來了，沒有空間容得下其他東西。你需要倒點茶出來，而不是忙著裝滿。」[2]

如果你播種只是為了快速得到報酬，那往往會對結果不滿，無法在等待的同時繼續付出與過活。另一方面，如果你不斷地大量播種，可以肯定在適當時節能夠豐收。成功人士懂得這點，專注於播種，知道收穫終會到來。整個過程自然發生。如果你活著的目的是改變他人的生活，你的人生將會充實而不空虛。

我很喜歡喬治．華盛頓．卡佛的詮釋：「**凡是來到這個世界的人，都應該留下明確又合理的緣由，證明自己留下了足跡，才有權離開這個世界。**」我們應該永遠記住這點。

六、關注培育，而非實現

我的導師暨顧問佛雷德．史密斯教會我許多重要的事，其中之一就是不要把生活重心放在自我實現上。他說：

> 自我實現是思考如何從事物中受惠。
> 自我培育是思考如何借助事物服務他人。
> 自我實現造就好心情。
> 自我培育伴隨好心情。

兩者主要的區別是什麼？動機。自我實現代表做自己喜愛做的事，也會得到最多回報，而自我培育意味著順應自己的獨特天賦做事，進而成為自己的責任。

追求自我實現有點像追求快樂，是無法持續的感覺，太過依賴現實環境，同時取決於個人心情。相反地，無論心情、環境、經濟能力或周遭的人為何，你都可以拓展自己的能力。

七、高原期人們最終只會不滿

每當有人不再主動學習和成長，時鐘就開始滴答地走，終究拿不出任何東西付出。**如果你想持續付出，就得持續成長。**

有時人之所以不再學習，是因為他們變得過分自滿，認為自己已經成長夠了，或者只想善用原本的能力和知識。一旦如此，他們就會進入高原期，隨後每下愈況。他們失去創新的精神，開始只想提高效率，而不是開創新局。他們寧願削減成本，也不願投資於成長，他們的視野變得非常狹隘，不把勝利當成目標，只想著不要輸就好。

再來，不再追求積極成長的人會失去熱情。我們都喜愛做自己擅長的事，但那有賴於我們維持最佳能力。能力下降會導致熱情減少，最終帶來不滿。到了這個階段，我們就會開始懷念過去美好的時光，遙想自己當時走路有風的日子。此時，我們離老古板就不遠了。沒人想跟過時的人學習。如果我們走到這一步，還能做出什麼貢獻？我希望能一直付出，直到沒有東西可以貢獻為止。為此，我必須不斷成長到最後。

一位傳奇大師的貢獻

二〇〇九年十二月，傳奇的個人成長老師、作家暨導師去世了。他的名字叫吉姆・羅恩。羅恩在愛達荷州一座農場長大。高中畢業後，他只讀了一年的大學。羅恩說：「讀了一年大學，我就以為自己教育程度夠了。」羅恩在西爾斯百貨（Sears）擔任存貨管理員，但只能靠微薄的收入勉強度日。二十五歲時，他灰心喪氣，希望找到更好的出路。

羅恩有位朋友邀請他參加由約翰．厄爾．蕭夫（John Earl Shoaff）主持的工作坊。蕭夫是勵志演說家暨推銷業務，他告訴所有參加者，對待自己要比對待工作更加投入，收入直接攸關你的人生哲學，而不是經濟；想要改變事物，你就必須改變。[3]

蕭夫指導了羅恩五年，鼓勵他拓展自己的能力，實現為自己和家人打造更棒生活的夢想。三十一歲時，羅恩成了百萬富翁。

羅恩的成功故事原本可能鮮為人知，但後來他的人生發生了意想不到的變化。一位朋友邀請他在扶輪社例會上談談他的成就。羅恩接受了邀請，並把主題定為「愛達荷鄉下男孩闖進比佛利山莊」，結果一炮而紅。其他人開始邀請他去演講。起初，他主要向服務組織、高中生和大學生發表演說。但他很快便發覺，好多人對他所教的內容趨之若鶩。一九六三年，他創立了會議。[4]

在長達四十多年培養人才的生涯中，羅恩共寫了二十多本書，在六千多場活動中發表演說，指導了大約五百萬人。與此同時，他從未停下學習和成長的腳步。他說：「**你所能帶給他人最棒的禮物，就是自己的個人成長**，我過去常說：『如果你關照我，我也會關照你。』現在我改說：『如果你為了我關照自己，我也會為了你關照自己。』」

衡量羅恩影響力的一大指標，就是有眾多知名作家和人才培育專家把他視為導師。二〇一〇年二月六日，在加州安那翰（Anaheim）舉行的紀念活動上，緬懷他的致詞嘉賓包括安東尼．羅賓、萊斯．布朗、博恩．崔西、克里斯．魏德納（Chris Widener）、丹尼斯．魏特利和戴倫．哈迪。[5]

羅恩是如何幫助這麼多人成長呢？如何讓這麼多人憑著自身能力成為知名教師和導師？因為他不斷地求進步。明白只要自己成長，就能幫助別人成長。他的人生就是貢獻法則的寫照。

一九二五年獲得諾貝爾文學獎的喬治．蕭伯納也曉得，人生的最大用途就是為人服務。他說：

> 這才是人生的真正樂趣：為了自己認定的偉大目標燃燒，發揮巨大影響力，不要空有狂熱、自私又滿腹牢騷，抱怨這個世界都跟自己作對。我的觀點是，自己的生命屬於整個社會，只要還活著就會盡力奉獻，為此我深感榮幸。我希望生命結束時，能徹底鞠躬盡瘁，因為我愈是努力，就愈有活力。生命本身就讓我雀躍不已；對我來說，生命不是短暫的蠟燭，而是輝煌的火炬，現下已經握在我的手中，希望讓這把火炬盡量綻放光亮，好傳遞給後代子孫。[6]

如果你希望自己的生命能為他人與後代子孫燃燒，就繼續成長吧！

貢獻法則的生活應用

一、你的人生有什麼潛在渴望嗎？是自我實現還是自我培育？努力是為了自我感覺良好？還是要成為理想中的自己？你的目標是成功嗎？還是為了實現意義？你是為了快樂而努力嗎？還是努力幫助別人成功呢？

這些區別看起來可能微不足道，但確實有所差異。對於充實感的追求永無止境，因為你不會對個人的進步完全滿足。努力培育自己也是一段永無止境的旅程，持續激勵著你，因為每點進步都是勝利，但總會有全新挑戰帶來刺激與靈感。

二、確定你是自己的主人。列出你人生中的關鍵人物，思考每一段關係，確定你大都是付出還是受惠，或者你們的關係對等。

如果你主要是受惠的人，就需要做出修正，這樣對方就不會有主導權。那要怎麼做呢？付出得更多而不計較得失。對親朋好友可以如此，甚至對老闆也不例外。努力提升工作效能，超越公司支付的薪資，不僅會讓主管與同事重視你，你也會提升他們的價值。如果你有其他大好機會，就能接下挑戰，因為你知道自己總是全力以赴。

三、我要給你本書最後一項應用練習，那就是務必把人擺第一。寫下三到七項目標與夢想，再寫下你人生中最重要的親友名字。誠實面對自己，兩者誰排第一？是那些親友嗎？還是你的目標與夢想？如果你跟以前的我一樣，就會把目標與夢想排第一。幸好，婚後我及早發覺，自己得把瑪格麗特擺第一。這為我打開了一扇門，讓我在生活其他方面少些自私。在孩子出生後，我必須優先處理他們的事。而我活得愈久，這些人對我就益發重要。人生走到這個階段，我所做的每件事──即使與個人成長相關──幾乎都是基於助人的渴望。

好好下定決心，把他人的利益擺在自己的私心前面、把家庭放在自己的事業前面、把員工的培育擺在自己的升遷前面。服務他人，不要圖利自己。全心投入其中，再邀請親友來監督自己。記住，你播的種有時得花上很長一段時間才會成長。然而，你絕對看得到收穫。

附注

1｜意向性法則

1. Jennifer Reed, "The Time for Action is Now!" *SUCCESS*, April 19, 2011, accessed July 11, 2011, http://www.successmagazine.com/the-time-for-action-is-now/PARAMS/article/1316/channel/22#.

2｜自我覺察法則

1. William Beecher Scoville and Brenda Milner, "Loss of Recent Memory after Bilateral Hippocampal Lesions," *Journal of Neurology, Neurosurgery, and Psychiatry*, 20 (1957), 11–21.
2. Author and source unknown.

3｜鏡子法則

1. Johnnetta McSwain, *Rising Above the Scars* (Atlanta: Dream Wright Publications, 2010), 14.
2. *The Road Beyond Abuse* , Georgia Public Broadcasting, accessed July 15, 2011, YouTube.com/watch?v=iABNie9fFTk.
3. McSwain, *Rising Above the Scars*, 104–105.
4. *The Road Beyond Abuse.*
5. McSwain, *Rising Above the Scars*, 129.
6. *The Road Beyond Abuse.*
7. Ibid.
8. John Assaraf and Murray Smith, *The Answer: Grow Any Business, Achieve Financial Freedom, and Live an Extraordinary Life* (New York: Atria Books, 2008), 50.
9. Jack Canfield with Janet Switzer, *The Success Principles: How to Get from Where You Are to Where You Want to Be* (New York: Harper Paperbacks, 2006), 244–245.
10. Kevin Hall, *Aspire: Discovering Your Purpose Through the Power of Words* (New York: William Morrow, 2010), 58.

4｜反思法則

1. "Re: Experience is the best teacher," *The Phrase Finder* (blog), accessed October 6, 2011, http://www.phrases.org.uk/bulletin_board/21/messages/1174.html.

5｜毅力法則

1. Jack and Suzy Welch, *Winning: The Answers: Confronting 74 of the Toughest Questions in Business Today* (New York: HarperCollins, 2006), 185–186.

2. "Sunday People in Sports," *Houston Chronicle*, December 24, 2000, 15B.
3. Darren Hardy, *The Compound Effect* (Lake Dallas, TX: Success Books, 2010), 9– 10.
4. "John Williams, Wikipedia, accessed August 19, 2011, http://en.wikipedia.org/wiki/John_Williams.
5. James C. McKinley Jr., "John Williams Lets His Muses Carry Him Along," *New York Times*, August 19, 2011, http://artsbeat.blogs.nytimes.com/2011/08/19/john-williams-lets-his-muses-carry-him-along/.
6. Ibid.
7. Ibid.
8. James C. McKinley Jr., "Musical Titan Honors His Heroes," *New York Times*, August 18, 2011, accessed August 19, 2011, http://www.nytimes.com/2011/08/19/arts/design/ john- williams-honors-copland-bernstein-and-koussevitzky.html?_r=1.

6｜環境法則

1. Proverbs 13:20, niv.
2. Wallace D. Wattles, *The Science of Getting Rich* (Holyoke, MA: Elizabeth Towne, 1910), 105.

7｜計畫法則

1. Kevin Hall, *Aspire*, 31.
2. Harvey Penick with Bud Shrake, *The Game for a Lifetime: More Lessons and Teachings* (New York: Simon and Schuster, 1996), 200.
3. Ibid, 207.
4. Harvey Penick with Bud Shrake, *Harvey Penick's Little Red Book: Lessons and Teachings from a Lifetime of Golf* (New York: Simon and Schuster, 1996), 21.
5. Ibid, 22.

8｜痛苦法則

1. "What We Know About the Health Effects of 9/11," NYC.gov, accessed October 3, 2011, http://www.nyc.gov/html/doh/wtc/html/know/mental.shtml.
2. Cheryl McGuinness with Lois Rabey, *Beauty Beyond the Ashes: Choosing Hope after Crisis* (Colorado Springs: Howard Publishing, 2004), 209.
3. Ibid, 190.
4. Ibid, 64.
5. Joey Cresta, "Cheryl McGuinness Hutchins: God Provided Strength to Overcome 9/11 Heartbreak," *Seacoast Online*, September 11, 2011, accessed October 10, 2011, http://www.seacoastonline.com/articles/ 20110911-NEWS-109110324.

9｜梯子法則

1. James M. Kouzes and Barry Z. Posner, *The Leadership Challenge*, 4th Edition, New York: Jossey-Bass, 2007), 28– 30.

2. Ibid, 32.
3. Bill Thrall, Bruce McNicol, and Ken McElrath, *The Ascent of a Leader: How Ordinary Relationships Develop Extraordinary Character and Influence* (New York: Jossey- Bass, 1999), 17.
4. Proverbs 23:7, niv.
5. Matthew 7:12, the message .
6. Welch and Welch, *Winning: The Answers*, 197.

10｜橡皮筋法則

1. Quoted in Craig Ruff, "Help, Please," *Dome Magazine*, July 16, 2010, accessed October 25, 2011, http://domemagazine.com/craigsgrist/cr0710.
2. Quoted in Dan Poynter, "Book Industry Statistics," Dan Poynter's ParaPublishing.com, accessed October 25, 2011, http://parapublishing.com/sites/para/resources/statistics.cfm.
3. Edmund Gaudet, "Are You Average?" *The Examiner*, January 1993, accessed January 30, 2012, http://www.theexaminer.org /volume8/number1/average.htm.

11｜取捨法則

1. Herman Cain, *This is Herman Cain! My Journey to the White House* (New York: Threshold Editions, 2011), 45.
2. Ibid, 49– 50.
3. Ibid, 50.
4. Ibid, 51.
5. Ibid, 58.
6. Genesis 25: 29– 34, the message.
7. Darren Hardy, *The Compound Effect* (Lake Dallas, TX: Success Books, 2010), 59.
8. Richard J. Leider and David A. Shapiro, *Repacking Your Bags: Lighten Your Load for the Rest of Your Life* (San Francisco: Berrett-Koehler, 2002), 29.
9. Quoted in Leo Calvin Rosten, *Leo Rosten's Treasury of Jewish Quotations* (New York: McGraw-Hill, 1988).

12｜好奇法則

1. Jerry Hirshberg, *The Creative Priority: Putting Innovation to Work in Your Business* (New York: Harper Business, 1998), 16.
2. Roger von Oech, *A Whack on the Side of the Head* (New York: Warner Books, 1983), 58.
3. Brian Klemmer, *The Compassionate Samurai* (Carlsbad, CA: Hay House, 2008), 157.
4. James Gleick, *Genius: The Life and Science of Richard Feynman* (New York: Vintage, 1993), 30.
5. Ibid, 36.
6. Richard P. Feynman as told to Ralph Leighton (edited by Edward Hutchings), *"Surely You're Joking, Mr. Feynman!"Adventures of a Curious Character* (New York: W.W. Norton and Company, 1985), 86.

7. Ibid, 21.
8. Ibid, 72.
9. Ibid, 317.
10. Ibid, 275.
11. Ibid, 173.
12. Ibid, 174.

13｜仿效法則

1. Jim Collins, "Lessons from a Student of Life," *BusinessWeek*, September 28, 2005, accessed November 21, 2011, http://www.businessweek.com/print/magazine/content/05_48/b3961007.htm?chan=gl.
2. Kevin Hall, *Aspire*, 165– 166.
3. Andy Stanley, *The Next Generation Leader* (Colorado Springs: Multnomah, 2003), 104– 106.

14｜拓展法則

1. Robert J. Kriegel and Louis Patler, *If It Ain't Broke . . . Break It!* (New York: Warner Books, 1991), 44.
2. Price Pritchett, *You^2 : A High-Velocity Formula for Multiplying Your Personal Effectiveness in Quantum Leaps* (Dallas: Pritchett, 2007), 16.
3. Ibid, 26.
4. Kevin Hall, *Aspire*, 114– 115.

15｜貢獻法則

1. John Ortberg, *When the Game Is Over, It All Goes Back in the Box* (Grand Rapids: Zondervan, 2007), 26.
2. Bob Buford, *Halftime: Changing Your Game Plan from Success to Significance* (Grand Rapids: Zondervan, 1994), 126.
3. Erin Casey, "Jim Rohn: The Passing of a Personal-Development Legend," *SUCCESS*, accessed December 2, 2011, http://www.successmagazine.com/jim-rohn-personal-development-legend/PARAMS/article/982#.
4. "Jim Rohn's Biography," JimRohn.com, accessed December 2, 2011, http://www.jimrohn.com/index.php?main_page=page&id=1177.
5. "Celebrating the Life and Legacy of Jim Rohn," JimRohn.com, accessed December 2, 2011, http://tribute.jimrohn.com/.
6. George Bernard Shaw, "Epistle Dedicatory to Arthur Bingham Walkley," *Man and Superman*, accessed May 7, 2012, Bartelby.com, http://www.bartleby.com /157/100.html.

國家圖書館出版品預行編目資料

精準成長〔全球暢銷經典〕：打造高價值的你!發揮潛能、事業及領導力的高效成長法則 / 約翰.麥斯威爾(John C. Maxwell)著 ; 林步昇譯.
-- 初版. -- 臺北市 : 城邦商業周刊, 2020.03
304面；14.8×21 公分.
譯自：The 15 invaluable laws of growth : live them and reach your potential
ISBN 978-986-7778-98-7(平裝)
1.成功法 2.自我實現

177.2 109000941

精準成長〔全球暢銷經典〕

作者	約翰·麥斯威爾（John C. Maxwell）
譯者	林步昇
商周集團執行長	郭奕伶
商業周刊出版部	
總監	林雲
責任編輯	呂美雲、潘玫均
封面設計	copy
內頁排版	邱介惠
出版發行	城邦文化事業股份有限公司-商業周刊
地址	104台北市中山區民生東路二段141號4樓 電話：(02)2505-6789　傳真：(02)2503-6399
讀者服務專線	（02）2510-8886
劃撥帳號	50003033
戶名	英屬蓋曼群島商家庭傳媒股份有限公司城邦分公司
網站	www.businessweekly.com.tw
香港發行所	城邦（香港）出版集團有限公司 香港灣仔駱克道193號東超商業中心1樓 電話：(852)25086231　傳真：(852)25789337 E-mail：hkcite@biznetvigator.com
製版印刷	科樂印刷事業股份有限公司
總經銷	聯合發行股份有限公司　電話：(02) 2917-8022
初版 1 刷	2020年3月
初版10.5 刷	2024年2月
定價	360元
ISBN	978-986-7778-98-7（平裝）

The 15 Invaluable Laws of Growth

藍學堂

學習・奇趣・輕鬆讀